Tú no eres tus padres

Este libro se ha realizado con el objetivo de proporcionar información de carácter general y no pretende sustituir ni la opinión de un profesional ni una consulta con un especialista. Se trata de una obra no científica; por tanto, aunque se han llevado a cabo numerosas investigaciones durante su escritura, podrían presentarse imprecisiones. La autora ha intentado hacer el contenido lo más accesible posible, y, para ello, ha simplificado los conceptos complejos con el objetivo de facilitar su comprensión. Por tanto, este libro no sustituye a los libros científicos de referencia en las disciplinas de la biología, química, medicina, psicología y otras ciencias afines. Se invita a los lectores a no utilizar la información que contiene este libro para autodiagnosticarse o autotratarse. El libro no sustituye —ni pretende hacerlo— los consejos, diagnósticos o tratamientos médicos o psicológicos. Cualquier pregunta o problema de salud debe consultarse con los médicos o los profesionales de la salud mental. Este texto no sustituye una visita a un profesional de la salud mental y no debe considerarse como un sustituto de la psicoterapia.

Primera edición: mayo de 2024
Título original: *Tu non sei i tuoi genitori*, de Maria Beatrice Alonzi. Publicado originalmente en Sperling & Kupfer, un sello de Mondadori Libri.

© Mondadori Libri S.p.A., 2023
© de la traducción, Ferran Mateo, 2024
© de esta edición, Futurbox Project, S. L., 2024
Los derechos de traducción de este libro se han gestionado a través de Ute Körner Literary Agent – www.uklitag.com.

Ilustración de cubierta: Maria Beatrice Alonzi

Publicado por Kitsune Books
C/ Roger de Flor nº 49, Escalera B, Entresuelo, Despacho 10,
08013, Barcelona
info@kitsunebooks.org
www.kitsunebooks.org

ISBN: 978-84-16788-70-5
THEMA: VS
Depósito Legal: B 8687-2024
Preimpresión: Taller de los Libros
Impresión y encuadernación: Liberdúplex
Impreso en España – *Printed in Spain*

MARIA BEATRICE ALONZI

TÚ NO ERES TUS PADRES

Libera tu corazón de las decisiones de quien te ha arruinado la vida

Aunque lo hiciera sin querer

TRADUCCIÓN DE
FERRAN MATEO

Kitsune Books

A los hijos,
que anhelaban un amor incondicional
y, en cambio, se encontraron con un destino,
para aprender a valerse por sí mismos.

Índice

Instrucciones de uso

¡Hola! Qué alegría saludarte (o volver a verte, si este no es el primer libro mío que lees). Es un honor tenerte aquí, entre estas páginas.

¿Qué tal estás? ¿Cómo está yendo el día? ¿Te trata bien la vida?

Estoy aquí porque quisiera hablarte un poco de ti, pero antes de hacerlo necesito mostrarte el camino que vamos a recorrer juntos.

En primer lugar, has de saber que este libro no te *curará;* así que, si alguna vez has creído que había en ti algo *equivocado,* algo que debías cambiar para poder recibir y dar amor, déjame decirte que no es verdad. De hecho, si hubiera que escoger una palabra para decir lo que queremos lograr en estas páginas, es *mostrarte.* Mostrarte, no curarte.

Mostrarte quién eres, quién eres de verdad. Lo que te pertenece, así como lo que habita dentro de ti, pero no es tuyo. Porque la mayoría de las veces en que tienes la sensación de estar perdiendo algo o a alguien, en realidad los responsables de tu dolor son «mecanismos ocultos», y, créeme, te alegrará descubrirlo.

También te advierto de que en este libro encontrarás repeticiones. Sé paciente, porque paciencia es lo que más te servirá —junto con el dolor— para aprender a protegerte, de una vez por todas. No bastará, de hecho, con que escriba aquí algunos conceptos: es necesario que te los haga *ver.* Y, para lograrlo, llevaremos a tu mente de nuevo al mismo lugar más de una vez; traduciendo las palabras en imágenes y viceversa, hasta que se vuelvan tan accesibles como tus recuerdos. No te preocupes, no pretendo hacerte perder el tiempo, y prometo solemnemente hacer todo lo posible para no aburrirte. Sin embargo, de vez en cuando tendrás la impresión de estar leyendo dos veces lo mismo: te pido que confíes en mí y que trates de dar esta vuelta conmigo, dentro de tus pensamientos. Dentro de tus recuerdos más ocultos y también dentro de los más vívidos, tan reales y recientes que parecen ligados a acontecimientos que acaban de ocurrir. Descubrirás que en los primeros reside todo el trabajo que debemos hacer, y en los segundos, un montón de mentiras.

Por último: no sé si tienes hijos, si los quieres, si los deseaste, o si nunca (o aún no) llegaron, pero no importa.

Lo que sé es que **eres una hija, eres un hijo**. Tal vez maltratado, tal vez abandonada, tal vez amado solo a medias, pero un hijo. **Y este es un libro para los hijos, para todos los hijos.**

Y un hijo, como tal, también es un padre.

Es lo primero que me gustaría que creyeras, al menos mientras leas este libro. Para que puedas *verlo* con tus propios ojos.

Porque ya has vivido una relación parental: como hijo. Y, como tal, has *visto* a un padre (bueno o malo).

Piénsalo, lo has visto incluso si no has tenido padres, porque ser un padre inexistente no significa dejar de trazar un camino, sino haber trazado uno muy bien definido: hecho de ausencias, preguntas y fantasías.

Y esa ausencia, esa fantasía, sigue dentro de ti.

Todavía la *ves*.

Y ese *ver* te ha convertido en el padre, o padre en potencia, que eres. Hablaremos de eso en este libro.

Porque este también es un libro para padres, para todos los progenitores.

Habrá capítulos enteros en los que te explicaré las necesidades de los hijos, dónde se esconden, qué hay realmente detrás de los gritos, las «rabietas», la agresividad, la actitud de desafío o de apatía, y mucho más.

Habrá capítulos enteros que te parecerán dedicados únicamente a quienes ya tienen hijos. Pero esas partes, sin embargo, son tan tuyas como de ellos.

Porque a través de estas también *verás* lo que te sucedió a ti cuando buscabas ayuda y nunca llegó.

De *neonato, niño* y *adolescente*.

Cuando tenías necesidad de *supervivencia, vínculos, independencia, libertad* y *felicidad*.

Y todavía la tienes.

Gracias por haberme leído hasta aquí.

Te deseo un buen viaje y, como siempre, estoy a tu lado y te quiero.

Tuya, Bea.

Una breve nota para la lectura

En este libro encontrarás dos tipos de notas: las que aparecen a pie de página, indicadas con un pequeño asterisco, y las que están al final del libro, señaladas con el clásico número en superíndice.

Las primeras son breves y enriquecen el discurso: tiene sentido que puedas alcanzarlas de un vistazo a medida que avanzas en la lectura.

Las segundas, en cambio, son profundizaciones de carácter más técnico, que abren ventanas a temas que tal vez te interesen, o no. No es imprescindible que dejes de leer el libro para ir a buscarlas, pero quería ofrecerte referencias tangibles cuando fuera necesario. Puedes consultarlas una vez hayas terminado el libro, o en una segunda lectura. He preferido dejarlas al final para no recargar la experiencia. Teniendo en mente lo único que de veras importa: *tú,* que en este libro debes sentirte bien y en casa, al menos por un rato.

1

sobre tu maleta

¿Alguna vez has oído hablar de la improvisación teatral? No sé si habrás tenido la oportunidad de asistir a algún espectáculo de este tipo. Es una clase de representación muy especial, diferente de la *commedia dell'arte*.

En la *commedia dell'arte*, los actores actúan a partir de un *canovaccio* (una especie de guion esquemático), en el que se describe los personajes, y luego improvisan sus líneas mientras interactúan en el escenario. Las historias, por tanto, tienden a seguir un patrón, ya que un personaje con determinadas características actuará y reaccionará, ante situaciones diversas, de un modo similar.

En cambio, en la improvisación teatral contemporánea,[1] quienes improvisan en el escenario no tienen nada en absoluto a lo que agarrarse. Ni vestuario (a menudo visten simplemente de negro), ni objetos ni guion (ni siquiera uno esquemático). Cada actor, por tanto, es también director, guionista, escenógrafo, etcétera. Cada uno intenta interpretar de la mejor manera la «cosa» (entiéndase papel, pero también personaje, atmósfera, entorno, emoción, etcétera), para el resultado de la escena, y lo hace basándose en sencillas aportaciones del público. Los improvisadores, de hecho, antes de comenzar la actuación (pero a veces también durante ella) preguntan al público presente en la sala una palabra, un lugar, un nombre, el motivo de una discusión, cómo se conocieron dos personajes, etcétera. Cualquier hilo del cual tirar, un grano de arena con el que construir toda una narración improvisada. Así, el improvisador teatral no se limita a interpretar un papel, sino también objetos, animales, emociones y, por qué no, incluso alienígenas hipertecnológicos o espíritus atribulados del siglo XVIII. Todo lo que la imaginación pueda poner a disposición del talento y el inconsciente. El actor, en este tipo particular de espectáculo, se encuentra personificando espacios y lugares, imitando instrumentos y construyendo pueblos y palacios. Oficinas, coches, casas, naves espaciales, parques, ciudades, continentes enteros, existentes e inventados: contextos que el público —aun no teniéndolos delante— logra *ver,* porque el buen improvisador se los hace imaginar. Como no hay nada preparado, cada «réplica» es única, irrepetible, sin posibilidad de que el mismo espectáculo se represente más de una vez; por eso, los ensayos de los espectáculos de improvisación teatral no se llaman ensayos, sino entrenamientos. Consisten en horas de ejercicios y juegos que sirven para soltar nuestras defensas, para aprender a no juzgarnos y a no «traernos las ideas de casa».* Para permitirnos sorprendernos y ponernos en relación con los demás reaccionando a lo que sucede, sin intentar controlarlo todo.

En mi opinión, es una de las imitaciones más logradas de la vida.

De hecho, una vez vencidos los demonios del perfeccionismo, incluso los improvisadores más inmaduros e inexpertos pueden resultar actores extraordinarios para el público: porque —actuando en respuesta a sus compañeros— no actúan, sino que, para ser exactos, *reaccionan.*

Pero ¿por qué te estoy contando todo esto? Porque desconectar la mente y reaccionar dejándose llevar es difícil. Crear un mundo de la nada, una vida entera a partir de la nada, de un grano de arena, es difícil. Y lo sabes bien. Por eso, el improvisador a veces entra en pánico. Por ello, lo más asombroso que ocurre en el escenario es que, mientras uno actúa, de vez en cuando sale del armario.† ¿En qué sentido? En el sentido de

* Es decir, entrar en escena con algo predefinido, una historia ya decidida, en lugar de reaccionar en el momento a lo que te ocurre a ti y a los otros actores.

† Aunque en el contexto LGBTQ+, «salir del armario» *(coming out)* se refiere al

que, a través de una escena o una línea, no solo *revela* el personaje que interpreta, sino también sus pensamientos, emociones, deseos y dificultades. Sin darse cuenta de eso, a través de gestos, palabras y formas de interactuar con el exterior, muestra lo que siente. Por ejemplo, a través de una parte del diálogo, a veces un personaje solo quiere pedir ayuda a sus compañeros —que están a la escucha entre bambalinas— para que acudan a socorrerlo, con una historia ya preparada a la que poder aferrarse.

En la vida real, fuera de los teatros, llevamos máscaras similares. Reaccionamos ante la vida, sí, pero haciendo un inmenso esfuerzo para lograr que todo funcione.

Al menos una vez te habrá ocurrido que, como al improvisador teatral más asustado, has creído no «saber interpretar» tu vida en un momento determinado. Un momento en el que habrías querido poder pedir ayuda, tal vez para lograr decir lo que tenías en el corazón, o para no decepcionar a nadie, o, de nuevo, con el miedo atenazándote la garganta, porque sentías el peso del juicio de los demás. **Porque es difícil estar seguro de tener algo *bastante* bueno que dar, que les vaya bien a todos.** Porque todas las veces que lo intentaste, de un modo u otro, lo que hacías siempre parecía fuera de lugar. O *demasiado* o *demasiado poco*. Y también tú, fingiendo que todo iba bien, debes de haber pensado al menos una vez que sería extraordinario que alguien comprendiera *realmente* lo que sentías y acudiera a tu rescate con una *vida ya lista, a la cual poder aferrarte,* que lo volviera todo más fácil. Cuesta confiar en uno mismo y en los demás después de haber resultado herido tantas veces. Cuesta estar seguro de estar haciéndolo bien, después de todas las críticas que te hicieron darte cuenta de que tus acciones no servían para nada. Y por eso tú, hoy, quieres tener la certeza de hacer algo bien *antes* de emprender cualquier cosa.

proceso por el que un individuo reconoce, acepta y declara su identidad sexual o de género, el término es una expresión inglesa que se traduce literalmente como «sacar afuera»; en sentido figurado, «desvelar».

Pero es como si te dispusieras a emprender un viaje para alcanzar lo que deseas, con todo el dolor y el disgusto de no lograrlo dentro de la mente; con una pesada maleta cargada de angustia y miedo en la mano. Llena de ropa vieja, fotos rotas, calcetines desparejados, zapatos estropeados y cuadernos repletos de sueños dejados morir entre sus páginas. Nada que te resulte útil para el viaje, solo un lastre de recuerdos que ni siquiera estás seguro de por qué llevas encima.

Difícil, ¿no?

En primer lugar, deberías deshacerte de esa maleta: dejarla fuera, darte cuenta de que no te sirve, que tu pasado no te define, que los sueños siguen siendo posibles —quizá con un poco de valor—, y mostrar, por fin, solo la persona que eres, dispuesta a reaccionar ante la vida, sin miedo a fracasar ni a desagradar a nadie. Sin equipaje.

¿Y dónde encuentras ese valor? El valor no es un automatismo: **el valor es una elección.**

Una elección que te hace coger o dejar esa maleta.

Porque no se puede ser valiente con todo el pasado encima, los pensamientos de los demás, los sentimientos de culpa, el terror a que ocurra siempre algo malo, sintiéndote responsable de la felicidad de quien sea, salvo de la tuya propia.

En estas páginas descubrirás que lo que llevas contigo en esa maleta —y te impide elegir con valor— no te pertenece; no eres *tú*. Es el miedo a actuar perdiendo algo o a alguien. *Es la propia maleta,* de la que, según crees, no puedes prescindir. Porque temes que, sin la preocupación constante que sientes por los demás, no valgas nada. Tener *miedo,* sin embargo, no significa carecer de valor, sino tan solo deber esforzarse un poco más que los demás para ponerse en marcha, soltar lastre y dar el primer paso. Así que, por ahora, llévalo todo contigo: ya nos desharemos de eso más adelante, y solo cuando tú decidas hacerlo.

Oscuridad en la sala.

2

sobre tu *familia*

el laberinto

Ahora que estás en la oscuridad, puedes cerrar los ojos e imaginar más fácilmente lo que necesitas.

> *Delante de ti hay un arco y tienes que atravesarlo. Ese arco está tallado en un seto gigantesco.*

El sendero que comienza después de ese arco a menudo te parecerá un laberinto, repleto de puertas, muros, recodos, jardines, fuentes, patios y distracciones, que sirven para impedirte alcanzar la salida.

Antes de adentrarnos juntos en él, debemos establecer una premisa, pues nos dirigimos hacia un lugar donde nos «encontraremos» con tu familia: pase lo que pase, recuerda que no pretendemos «hablar mal» de tu familia, sino *hablar* de ella sin más.

Y te lo escribo sin demorarme porque, en este lugar incierto y lleno de puntos ciegos, te encontrarás montado en un balancín. Un balancín muy incómodo: observémoslo. En uno de sus lados, encontramos sentimientos «peligrosos» como el rencor, el resentimiento, la rabia e incluso el odio. Sin embargo, en la otra parte, en el otro extremo del balancín, encontramos esa sensación familiar de culpa que nunca te abandona y que sientes todos los días; esa sumisa convicción de que incluso hablar «mal» de tu familia significaría odiarla. Y crees que «odiar» a tu familia te convertiría en la peor persona del mundo.

Un balancín, a decir verdad, de lo más agotador y que te distrae de avanzar conmigo entre los setos del laberinto para encontrar la salida. Tenemos, por lo tanto, que averiguar la manera de hacerte bajar de él.

Para bajar, entendamos juntos qué significa hablar de ti y de tu familia. Empecemos por observar lo que te ocurre, lo que sucede dentro de ti, cómo se percibe, si y cuánto está elaborado y, por último, la forma en que se vive. En esencia: empecemos por comprender cómo actúas *antes* de actuar. Cómo piensas en ti, y en ti en relación con *el otro*. El otro entendido como «otro» en general y como un tipo específico de «otro»: ciertos familiares, amigos, parejas, jefes de trabajo, compañeros de clase…

Para lograr este cometido, es absolutamente necesario que empecemos por tus padres. Con «padres», que quede claro, me refiero a quienes te criaron. **En este libro, cuando hablo de padres me refiero a figuras parentales. Y por figuras parentales quiero decir *cualquiera* que te haya criado.** Porque las figuras parentales pueden atribuirse *realmente* a cualquiera: a cualquiera que haya cuidado de ti de manera continuada. Pueden ser tu madre y tu padre, así como dos madres, dos padres, juntos, separados, por partida doble, individual, abuelos, niñeras, institutrices, etcétera. Cualquiera, en el fondo, puede ser una figura parental: basta con que te haya criado. La persona o las personas de las que recibiste cuidados constantes desde la primera infancia son lo que llamaremos *familia*.

¿Y por qué tenemos que empezar precisamente por ellos? Porque de esta familia —de la tuya, sea la que sea, esté como esté compuesta— tienes una imagen, y debemos observar esta imagen. Debemos observarla con detenimiento, porque la posibilidad de que esté distorsionada es muy muy alta. De hecho, en realidad es una certeza. En efecto, sin duda tienes una imagen *distorsionada* de tu familia. Pero ¿por qué?

No tienes una imagen distorsionada de ellos porque hayan hecho algo equivocado (aunque quizá sí). No tienes una imagen distorsionada de ellos porque *tú* hayas hecho algo equivocado (no es así, ni mucho menos). La razón por la que no puedes tener una imagen *objetiva* de tu familia es simplemente porque así funciona la mente.

La mente, ese laberinto de pensamientos, emociones y recuerdos, no es un simple «espejo» de la realidad. Es más bien un «arquitecto moral» que en sus «proyectos» modela prejuicios, experiencias, expectativas, y así diseña la realidad que percibes. Y, cuando se trata de la familia, este proceso se vuelve aún más complejo y vago.

La familia, el primer contexto social en el que te sumerges, es el lugar donde se formaron tus primeras impresiones del mundo y de ti mismo. Estas impresiones, sin embargo, no son simples fotografías objetivas. Son interpretaciones subjetivas, modeladas por tus emociones, las dinámicas familiares, tus deseos y miedos.

Pero ¿por qué la mente hace esto? ¿Por qué no te proporciona una imagen clara y objetiva de tu familia? La respuesta reside en lo hondo del subconsciente, ese lugar misterioso donde habitan tus deseos más ocultos, tus miedos más profundos, tus recuerdos más lejanos y tus defensas, de las que hablaremos largo y tendido. Tu «yo» es como un iceberg:* la mayor parte de él es subconsciente, está escondido bajo la superficie de tu conciencia. Sin embargo, de ahí procede la guía para tus pensamientos, emociones y acciones.

Cuando piensas en tu familia, el subconsciente no te muestra solo el rostro de tus padres. También te muestra los papeles que desempeñaron en tu vida, los sentimientos que te unen a ellos, los recuerdos que habéis compartido. Esta imagen compleja y polifacética no puede ser objetiva, porque está intrínsecamente ligada a tu subjetividad.

* ¿Cuántas veces has visto esta imagen en las redes sociales?

Por eso la mente funciona así: no por un defecto o una carencia, sino porque está diseñada para permitirte navegar en un mundo complejo e incierto en el que, al margen de lo que ocurra, debes ser capaz de mantener el rumbo y tener puntos de referencia claros. En este lugar subacuático, la verdad objetiva es a menudo inexistente; las percepciones subjetivas, en cambio, son tu principal instrumento de supervivencia.

En la relación con quienes te criaron, distinguir a las *personas* del *papel* que tienen en tu vida es especialmente complicado: en primer lugar, porque podrías vivirlas como entidades desequilibradas (una totalmente *buena,* la otra totalmente *mala),* y además porque acarrean (como todas) características intrínsecas: perezosas, amables, pobres, preocupadas, poderosas, omnipotentes, creativas, modestas, asustadizas, necesitadas, etcétera. Características que te parecen objetivamente predominantes, pero que, en realidad, se las atribuyes *tú* con menor o mayor énfasis. Matices a los que *tú* diste, con el tiempo, mayor importancia.

Cuidado: no digo que te hayas dado un golpe en la cabeza y veas cosas donde no las hay, sino que observar una característica de manera preponderante respecto a otra es algo que haces *tú,* de manera inconsciente y no orientable, pero de todos modos *tú.*

¿Y eso está mal? En absoluto.

Como todo, simplemente hay que *verlo,* entenderlo y, una vez detectado en tu radar, observarlo. Y también estamos aquí para eso.

Pensando en tu familia, por ejemplo, podrías recordar con suma claridad ciertos acontecimientos. Acontecimientos que consideras *que te marcaron.* Acontecimientos que podrías considerar traumáticos (y que quizá lo sean o quizá no, o tal vez sean emblemáticos;* lo veremos más adelante). Acontecimientos como:

* Un acontecimiento emblemático es una experiencia que adquiere un significado simbólico o representativo en la vida de un individuo. Los acontecimientos emblemáticos pueden ser positivos o negativos y actúan como puntos de referencia para comprender e interpretar experiencias y recuerdos futuros. Estos acontecimientos pueden influir en la formación de la identidad y en la

Esa vez que tu madre te dijo que…

Esa vez en la que todos hacían algo y tú no pudiste porque tu padre hizo…

Esa vez en la que tú querías, pero…

Estas circunstancias llevan consigo *significados*. Esos significados podrían actuar de forma *encubierta*. Como «agentes secretos». Es decir, mostrarte un significado que en realidad tiene el único propósito de no revelarte el verdadero, para permitirte «navegar» más tranquilo por el mundo. Ocultas e invisibles, de hecho, también podrían estar presentes rigideces y estructuras que defienden con fiereza lugares adonde no quieres —no puedes— ir a mirar y que, sin embargo, para esta observación lúcida nuestra, son fundamentales.

Esa vez en la que tu madre te dijo que… *Quizá empezaste a mantener a distancia a las personas que quieres, por miedo a que utilizaran tus debilidades en tu contra.*

Esa vez en la que todos hacían algo, que para ti era importante, y tú no pudiste hacerlo porque tu padre… *Quizá aprendiste a hacer lo que querías, a escondidas.*

Esa vez en la que tú querías, pero… *Quizá aprendiste a olvidar tus sueños y a considerarlos menos importantes que los de los demás.*

Hay lugares de tu mente protegidos por candados complejos y portones muy gruesos. Frente a esos lugares se encuentra un

percepción del yo y del mundo circundante. Al ser acontecimientos neutros, es decir, sin una connotación negativa o positiva intrínseca, pueden contribuir al endurecimiento de un mecanismo desarrollado durante un acontecimiento traumático, como veremos más adelante.

«patio de recreo» donde distraerte, para que ni siquiera tengas ganas de investigar o de intentar abrir esas cerraduras. Es ahí, de hecho, donde está el balancín que antes mencionábamos. El incomodísimo balancín de la culpa.

Ese al que te subes cada vez que tienes miedo de cometer un error o de haberlo cometido.

Se encuentra en un patio en el que, mientras te balanceas, si miras bien, puedes leer notas escritas en las paredes:

En realidad, tuve una familia normal.

Mi familia nunca dejó que me faltase de nada.

Tuve la suerte de tener una familia que me animó a alcanzar mis metas.

Tuve unos padres que, a su manera, me apoyaron.

Hicieron todo lo que pudieron. yo, en cambio, no fui un hijo fácil.

A su manera me querían; yo, en cambio, no fui precisamente una hija cariñosa.

¿Qué más podían hacer?

Estas palabras, de una forma extraña, convergen y se convierten en un único lema, un único manifiesto, escrito más grande que todos los demás. Está esculpido encima de otro arco, donde el camino se bifurca, y aún no sabes si ir a la izquierda o a la derecha. Dice así: EL PROBLEMA DEBO DE SER YO, NO ELLOS.

Debes de ser *tú* el problema, no ellos.

Examinemos más de cerca esta afirmación, entendamos por qué está ahí y qué significa de verdad.

Antes que nada, detengámonos un momento. Respira muy hondo e intenta leer esas palabras en voz alta; intenta decir: «El problema soy *yo*». ¿Qué te hace sentir? ¿Desconsuelo, rabia, tristeza, culpa? Claro, lo entiendo. Pero observemos mejor. ¿Podríamos decir que oculto, justo debajo de la superficie, también hay algo más? Y si es así, ¿qué? Esto: **tu mente es la máquina de supervivencia más avanzada del mundo.** Está programada para intentar mantenerlo todo en equilibrio, para mantenerte a flote cuando las olas de la vida se vuelven demasiado vigorosas. Y por esta razón, a veces, cuando estás metido hasta el cuello en relaciones difíciles o situaciones complicadas, tu mente intenta restablecer la paz. Y, para ello, intenta ponerlo todo de nuevo en tus manos. En ti.

«El problema debo de ser yo, no ellos». Casi parece un mantra. Lo repites, creyendo que su significado es para ti la condena a no ser feliz, pero esconde algo diferente; a saber: es mucho más fácil imaginar que la clave de todo está en ti, en lugar de en la cabeza de quienes no sabes cómo controlar.

Tu subconsciente prefiere hacerte creer que el problema eres tú, para que tengas la sensación de que puedes hacer algo al respecto.

Pero es un engaño, una ilusión: un artefacto que te ayuda a sobrevivir. Hace que te pongas de nuevo en marcha —una vez pasado el desconsuelo—, te tranquiliza, te hace sentir al mando, capaz de cambiar las cosas. Es la mente que intenta defenderte, tomarte de la mano y guiarte lejos de la desesperación y del dolor, lejos del centro del laberinto.

Pero este constante ponerte en pie y hacerte sentir capaz de obrar sobre todas las cosas, como si todo dependiera de ti, en cada maldita situación, te hace vivir siempre en un modo llamado *fight-or-flight.*[1]

El mecanismo de *fight-or-flight,* en español 'lucha o huye', es un fenómeno muy antiguo cuyas raíces están profundamente entrelazadas en nuestra historia evolutiva. Producido por el sistema nervioso autónomo, en particular el sistema nervioso simpático,[2] este mecanismo nos prepara físicamente para responder a una amenaza percibida y nos sitúa en posición de luchar o huir de ella.

Imagina que eres un primitivo *Homo sapiens* en el corazón de la sabana africana. Estás frente a un león hambriento: tu cuerpo, por instinto, responde liberando una serie de hormonas como la adrenalina y el cortisol (la hormona del estrés). Tu corazón empieza a latir más rápido, la respiración se acelera, los músculos se tensan, tu concentración se agudiza: estás listo para luchar por tu vida o correr más rápido que nunca. Este es el mecanismo de *fight-or-flight* en acción. Menos mal que lo tenemos, por supuesto. El problema surge, sin embargo, cuando este estado de alerta se convierte en tu *statu quo,* tu condición de normalidad. Aquí es donde tu cuerpo y tu mente empiezan a fatigarse. Vivir en un estado constante de «lucha o huye» es sumamente estresante y físicamente agotador. Esto se debe a que no es una condición que tu cuerpo esté diseñado para mantener a largo plazo. Y si eres una de esas personas acostumbradas a utilizar de manera inconsciente, continuamente, este mecanismo de defensa, acabarás por activarlo cada vez que percibas un peligro para ti, físico o psicológico. Una entrega urgente en la oficina, un comentario negativo, un hijo inquieto, una pareja enfadada, un conductor maleducado, etcétera.

¿Empiezas a entender por qué no tienes un momento de paz?

Tu propio cuerpo te lo impide. De hecho, unos niveles elevados y prolongados de cortisol pueden tener efectos negativos en tu organismo, como el aumento de la presión sanguínea o el debilitamiento del sistema inmunitario, y pueden contribuir a agravar afecciones ya comprometidas por la ansiedad. Esto se debe a que, aunque el cortisol tiene una función protectora a corto plazo —pues ayuda a responder a una amenaza—, a largo plazo, en cambio, puede ser perjudicial.

Vivir en estado constante de *fight-or-flight* también puede alterar la percepción del mundo y las relaciones con los demás.

Por ejemplo, si dudas constantemente de personas y situaciones, si sientes como si caminaras en un «campo minado de amenazas», si cuestionas incluso la bondad de las motivaciones de los demás, su sinceridad, si te preguntas si lo que estás viviendo puede traerte algo bueno, si piensas sin cesar en lo peor que podría pasar... ¿cómo lograr establecer vínculos seguros y sanos? ¿Cómo puedes crear relaciones de confianza? ¿Cómo puedes siquiera intentar tan solo relajarte y disfrutar del presente? Exacto, no puedes.

Elijamos el camino de la derecha, bajo el arco, y veamos lo que hay más allá.

Este estado constante de búsqueda de control, este mantra, «el problema debo de ser yo, no ellos», que repites sin darte cuenta, hace que te sientas constantemente una persona inadecuada, como si no fueras lo bastante bueno. Pero, al mismo tiempo, te espolea a hacerlo mejor. Te dice que, leyendo otro libro, haciendo otro curso, poniendo otro despertador, yendo a otro gimnasio, hablando con «él», organizando para «ella», poniéndote a disposición de «ellos», podrás arreglarlo todo.

Pero no, no puedes controlarlo todo, y no, no eres tú el problema de todas las cuestiones sin resolver.

Aunque cargues con todo el peso sobre tus hombros, no harás más ligera la vida de los demás.

Lo único que cambiará será el peso de tu maleta.

Hemos elegido un camino por el que no te resultará fácil pasar.

Un camino que nos dice la verdad, que nos revela un significado que te resulta complejo ver y aceptar. Esto también lo sé. Pero es necesario seguir caminando y llegar hasta el fondo.

Analicemos tus pensamientos: «Si todo depende de mí, entonces puedo arreglarlo todo».

Por lo tanto, puedes cambiar, «sanar», adaptarte, actuar para obtener una vida mejor, para ti y para los demás. Y, al mismo tiempo, si todo depende de ti:

A la persona que te dejó puedes volver a traerla junto a ti, *porque tú eras el problema y puedes cambiar.*

A quien te haya traicionado puedes hacerlo volver a tu camino, *porque actuó así por culpa tuya, y tú puedes comportarte de otra manera.*

A quien te hizo daño puedes hacerlo evolucionar, *porque fuiste tú el que no se explicó bien y puedes enseñar,* etcétera.

Si eres tú el que estás equivocado, si eres tú la «persona equivocada», entonces aún puedes conseguir lo que deseas. Todavía hay esperanza para tus sueños y deseos, que otra persona hizo añicos y dejó fuera de tu control.

Pero ¿qué estamos viendo en realidad?

Tu forma de defenderte.

Esta es la forma en la que funcionas para defenderte. O para ser más precisos: **es la forma en que está constituida tu persona, lo que te defiende.** Y lo hace todo el rato, incluso cuando no te das cuenta. Tu personalidad te defiende. Y una de las cosas de las que te defiende es poniéndote en tela de juicio.

Siempre pensamos que «ponerse en tela de juicio» significa encontrar defectos en nuestro compromiso con los demás, intentar ser «mejores». En cambio, «ponerse en tela de juicio» a veces solo significa **rendirse a la realidad.** Rendirse a cómo funcionan las cosas de verdad, dejar a un lado mitos y creencias, apoyándose en el conocimiento, en la autoconciencia. Hagámoslo.

Ponerte en tela de juicio, en este caso, te sirve para darte cuenta de que *esa* persona no era para ti, que *ese* trabajo no era para ti, que *esa* situación no era para ti: **no fracasaste, simplemente no eran para ti.**

Obrar de este modo, poniéndote en tela de juicio, podría derrumbarte, lo sé.

Y tú no quieres —no puedes— derrumbarte.

De hecho, son loables tus intentos de persistir (o resistir), a pesar de todo, en cualquier tipo de tormenta, tsunami, terremoto. En busca siempre de una solución que *te* implique. Lo entiendo.

Es muy difícil cambiar, es muy difícil creer que se puede dejar ir, soltar, y seguir sobreviviendo. Todo tu mundo inconsciente trata de impedírtelo.

Nunca podré insistir lo suficiente:[*] **no hay nada en ti que facilite el cambio; si funcionas, funcionas así.**

¿Sigues en pie? ¡Muy bien! ¿Sobreviviste? ¡Perfecto! En resumen, según tu mundo interior está bien tal y como eres. No *debes* cambiar: sentencia, el apocalipsis.[†] Solo que, por desgracia para ti y por suerte para tu subconsciente, todo esto no tiene nada que ver con tu bienestar. No importa si eres más o menos feliz: **el bienestar no es asunto de tu subconsciente, eso depende de ti.**

Entonces, ¿cómo se hace para estar bien?

Para eso estamos aquí: sigamos.

Hemos llegado a un claro, y en medio de ese claro hay un muro. Un muro hermoso, alto, resplandeciente. Algunas plantas despuntan del suelo y trepan por él con suavidad y ligereza. El sol lo remonta y proyecta su sombra durante el día. La lluvia lo refresca, las estaciones se suceden. ¿Hay grietas en el muro?

Obsérvalas, no están ahí por casualidad. Míralas bien, ¿cuántas hay? ¿Son profundas? ¿Están ramificadas?

Un trauma, cuando se produce, deja una grieta.

Las grietas son el recuerdo del trauma. De hecho, **las grietas son los traumas,** que permanecen así, surcando la pared, desde el día en que fueron infligidos.

---

[*] En otro de mis libros, *El pequeño libro de la felicidad,* introduzco el concepto de «vecindario»: ese lugar de la mente en el que ves y vuelves a ver, oyes y vuelves a escuchar, percibes y juzgas tu persona y tu comportamiento. Lo haces a través de una multitud de voces, imágenes, rostros —que en realidad no existen, pero que te parecen reales— que te acompañan a lo largo de tu vida como «espectadores secretos» e interactúan contigo en una especie de horrible «reunión de vecindario».

[†] Tu mundo interior, como también verás más adelante, está hecho de absolutos, por lo que es muy dramático. 😂

Pero ¿qué es un *trauma?*

Un trauma es una experiencia pasada que te causó una angustia inmanejable.

Tómate unos segundos para releer esta última frase. Un trauma puede ser algo que amenazó con poner en entredicho todo el sistema, un golpe asestado con tanta fuerza que sacudió ese muro hasta sus cimientos, golpe que, de no haberse encauzado, contenido, lo habría derribado. Algo dentro de ti, tu subconsciente, actuó, se defendió, respondió así: «En este momento, *esto* no lo puedo manejar».

Un trauma es una sentencia que tu subconsciente dicta sobre una experiencia que estás viviendo.

¿Y cuándo puede ocurrir? Siempre. Desde siempre. Quizá la primera vez que te ocurrió tenías solo seis meses. Quizá cuatro años. Tal vez trece. No importa. Algo dentro de ti te impidió afrontar ciertas experiencias de la vida, para *protegerte.* Cosas que te estaban ocurriendo, cosas que podrían haberte devastado. Pero si te sucede algo traumático y no te enfrentas a ello atravesándolo, si no lo vives, si no lo combates y, finalmente, si no lo aceptas, *ahí* se queda.

De ese golpe que te asestaron, de esa arma que arrojaron con violencia contra el muro, quedará la grieta. Y esa grieta, que no ves, se dejará sentir en todas tus elecciones. En todas tus reacciones, en todas tus maneras de vivir más o menos serenamente lo que te sucede, sintiéndote más o menos en peligro, más o menos en medio de un *campo minado de amenazas.* Esa grieta, esas grietas, formarán parte de ti, de tu forma de ser.

Sin embargo, tus traumas no son culpa tuya. Nunca. Bajo ningún concepto. En ningún momento.

Tus traumas no-son-culpa-tuya.

¿Lo has entendido bien?

¿De quién es la culpa, pues? En primer lugar, dejemos las cosas claras: no posees control «directo» alguno sobre tu subconsciente. No tienes ningún modo, de hecho, de actuar conscientemente sobre la manera en que tu subconsciente asimila

30

y te devuelve lo que ocurre. En consecuencia: **tú no tienes la culpa de ser como eres.**

Lo sé, huyes, buscas otro camino, otro sendero, otras notas, otras palabras, para decir que sí, que la culpa es tuya.

Te dirás a ti mismo que debes de haber hecho algo malo, algo incorrecto. Pensarás que, si fuera tan sencillo, las cosas habrían dejado de ocurrirte siempre a ti. Concluirás diciendo que quizá sí, que has tenido más mala suerte que muchos otros, pero que de todas formas no estás aquí para hacerte la víctima, porque tú no eres ese tipo de persona que busca la *culpa* en los demás.

«Si no es culpa mía, si yo no soy el problema, ¿por qué estoy así?».

Respira hondo de nuevo y vayamos por orden. En primer lugar: **la culpa no es responsabilidad.**

¿Qué es *la culpa?*

La culpa es un sentimiento emocional que resulta de la idea de haber hecho algo mal o de haber fracasado en cierto modo. La culpa es el resultado del *pecado,* de la *transgresión,* del *error. Aquello* por lo que mereces *pagar, un castigo* que mereces. Un castigo necesario para expiar lo que has hecho «objetivamente» mal. Pero **la culpa nunca puede ser objetiva, ya que, por su propia naturaleza, solo puede ser *percibida.*** ¿Por qué?

Porque es la *percepción individual* de haber cometido un error o una transgresión. Y esta percepción está influida por las normas sociales, culturales y religiosas, así como por las expectativas y exigencias, propias y ajenas.

Puedes percibir la culpa de formas muy distintas en función de tu experiencia y personalidad. Por ejemplo, algunas personas se sentirán culpables por acciones u omisiones que otros no considerarían un problema. Del mismo modo, lo que tú percibes como culpable puede no considerarse así en una cultura o sociedad distinta a la tuya.

Además, la culpa es un fenómeno *interno,* en el que también puedes ahogarte por algo que has hecho (o crees haber hecho) y de lo que nadie más tiene conocimiento. Tanto es así que, incluso una vez conocido, los demás podrían no considerarlo problemático. **La culpa es, por tanto, intrínsecamente subjetiva.**

En resumen, es una reacción emocional y cognitiva a *tu* percepción de haber violado una norma o un valor. Está arraigada en tus experiencias personales, creencias y normas sociales y culturales que has interiorizado a lo largo de tu vida.

Ojo, aquí no hablamos de lo correcto y lo equivocado. No estamos esquivando advertir hasta qué punto se iría a pique nuestra sociedad si dejáramos de hacernos responsables de nuestras acciones, porque no hablamos de *responsabilidad,* sino de *culpa.* Y la culpa no existe salvo en tu cabeza. Por eso la culpa no te ayuda a resolver un problema o a que no vuelva a suceder, sino solo a escapar buscando otro camino lejos del centro del laberinto, para toda la vida. *Huir* de la responsabilidad (aunque creas que la asumes toda) para *castigarte,* en lugar de crecer y encontrar formas más evolucionadas de sobrevivir.

Recuerda que hace un rato hablábamos de ponerse en tela de juicio. De cómo su significado siempre debía ser por fuerza negativo. Pues bien, con la culpa y la responsabilidad se incurre en el mismo error: creer que asumiendo la culpa se hace lo correcto.

Pero recuerda esto: **si asumes la culpa, no podrás asumir la responsabilidad.** Esto vale para ti, vale para todos. Porque elegir sentir pena y dolor por algo no nos convierte automáticamente en capaces de encontrar soluciones, de enmendar las cosas, de escuchar a quienes quizá se han visto afectados por nuestras acciones. **Sentir culpa no es un motor hacia el otro, es solo un paliativo hacia nosotros mismos mientras intentamos —a través del sufrimiento— enmendar un error,** en lugar de hacerlo a través del intelecto y nuestras capacidades.

La culpa es un camino de dolor, el dolor que *se debe* experimentar para que desaparezca. No es un medio para mejorar la situación, por eso es cien por cien disfuncional.

¿Qué es, en cambio, la *responsabilidad*?

La responsabilidad es ese motor que te dice que una determinada cosa depende de ti. Algo, no todo.

La responsabilidad te dice que *puedes* cambiar tu situación actual, el comportamiento, la reacción, la respuesta e incluso la realidad, en el tiempo. La responsabilidad te indica que no es necesario sufrir ni expiar. Claro que se puede pedir perdón, a uno mismo y a los demás. Sí, se puede ser sensible a la propia empatía, pero no dejarse arrastrar o paralizarse. Claro, uno puede sentir pesar por haber causado daño a alguien, pero al mismo tiempo puede sentir el deseo de experimentar serenidad mientras la vida sigue su curso.

La *culpa* no te hace sentir que mereces serenidad o felicidad; la *responsabilidad,* sí.

La responsabilidad es un dibujo a lápiz, la culpa es un folio quemado. Una hoja de papel convertida en humo que ya no posees, que no puedes mirar salvo con vergüenza y pena, que no puedes corregir, nunca, porque solo con intentarlo te falta el aliento y te duelen los ojos. **Eres responsable, no culpable.** ¿Por qué? Porque la responsabilidad es lo correcto: hacia ti y hacia los demás. La culpa no.

La culpa de cómo eres no es tuya, la responsabilidad de lo que haces con tu vida sí lo es.

La responsabilidad de cómo manejas quién eres, de qué pones en el mundo, sí que es tuya. Es tu responsabilidad cuidarte y proceder con las herramientas de que dispones. Tuya y de nadie más. Intentando darte cuenta, como en este caso, de que algunas de tus características no son rasgos de carácter, sino *estrategias*. Estrategias que no dependen de algo que *hiciste* en el pasado, sino de algo que *viviste* en el pasado.

Veámoslo mejor: hace unas líneas he mencionado la empatía. Te habrás dado cuenta de que he utilizado la fórmula «sensible a la propia empatía», en lugar de «empático». ¿Por qué?

Empatía[3] es una palabra que se usa de manera inoportuna cientos de veces al día, en todas partes.

La empatía no es una virtud ni un defecto, sino algo que todos tenemos (a menos que padezcamos una patología manifiesta), es un proceso innato: la capacidad de percibir las emociones y los sentimientos de los demás. Es una función que se desarrolla desde el nacimiento, como podemos observar en los niños pequeños: cuando uno empieza a llorar, los demás suelen seguirlo, ya que sienten y responden a sus emociones.

Desde el punto de vista biológico y neurológico, sin embargo, está vinculada a estructuras cerebrales y procesos neuroquímicos particulares que desempeñan un papel clave junto con *las neuronas espejo.* Las neuronas espejo son células del cerebro que responden tanto cuando realizamos una acción como cuando observamos a otra persona hacer la misma acción. Este sistema neuronal nos permite *ver* o reflejar las acciones de los demás en nuestro cerebro, lo que facilita la comprensión de su comportamiento y, en algunos casos, de sus intenciones y emociones.

Si te consideras una persona empática, o si los demás te ven como tal, no es porque tu sistema neuronal *refleje* mejor las emociones ajenas. Hay otras razones detrás de esta percepción. Tras ellas hay significados reales que hacen las veces de defensa.

He aquí una bonita puerta cerrada, en medio de nuestro camino. Intentemos abrirla.

Podrías haber desarrollado, por ejemplo, una mayor sensibilidad hacia el comportamiento de los demás como mecanismo de supervivencia desde una edad temprana: es lo que se llama *hipervigilancia;* es común entre las personas que crecieron en entornos caóticos o abusivos, en los que para ti era vital ser capaz de medir con rapidez la «temperatura» del estado de ánimo de los adultos presentes —sobre todo tus figuras parentales— para garantizar tu seguridad (física, psicológica o emocional).

Tu autodefinición como persona empática no proporciona una descripción de tus características personales, positivas o negativas. **Poseer empatía, de hecho, no significa *ponerla en acción* o saber cómo hacerlo.**

Esta capacidad de percibir las emociones de los demás no tiene en sí una connotación positiva o negativa, es solo un mecanismo básico de tu cognición. Sin embargo, la forma en que actuamos a partir de esta percepción, es decir, cómo respondemos a las emociones y sentimientos que percibimos en los demás, puede variar mucho de un individuo a otro. Esta respuesta está influida por tu *educación emocional*.

Ejemplo: una persona ve que te quemas con un plato caliente y corre a ayudarte. Otra persona, ante la misma escena, se queda petrificada y solo espera a que sepas que no es culpa suya que te hayas quemado.

Si ves a alguien que se quema con un plato caliente, puedes sentir su dolor y angustia, pero tu reacción ante esta percepción puede ser muy diferente a la de otro: una persona interviene enseguida, otra es incapaz de moverse. Estas reacciones diferentes no cambian el hecho de que ambas personas, ante el dolor de un tercero, sienten empatía, sino que más bien reflejan cómo la gestionan y cómo responden a ella. Una de las dos se proyecta hacia delante, para ser de ayuda; la otra experimenta un dolor terrible, pero no tiene forma de demostrarlo y se descubre culpable por lo que siente, por no poder ayudar, exigiendo que se la disculpe de lo que está ocurriendo, sin poder poner a la otra en el centro de la necesidad ni siquiera por un momento: porque no tiene ni idea de cómo manejar el dolor ajeno.

Así pues, aunque es cierto que todos tenemos la capacidad de sentir empatía, la forma en que la utilizamos y respondemos a ella puede ser muy diferente.

Era una puerta difícil de abrir.

Te enfrentas a tu fragilidad, la de creer que ciertas características te definen para bien o para mal, y en cambio pueden ser solo procesos biológicos o estrategias de supervivencia a un trauma.

Todo va bien. Todo es correcto. Es difícil reconocer un funcionamiento o una experiencia traumática: estamos solo al principio. Estoy orgullosa de ti, de que hayas abierto esta puerta, y tú también debes estarlo.

Si lo necesitas, descansa. Vuelve a leer. Tómate un tiempo. Tómate un tiempo para grabarte en la memoria que, sean cuales sean las puertas que debamos abrir, sean cuales sean las grietas que encontremos en tu hermoso muro, nada de esto es culpa tuya. Incluso si el muro es precisamente tuyo.

De hecho, ese muro *eres tú*. Y lo veremos en el próximo capítulo.

3

sobre el muro

A veces solo posees una vaga sensación de angustia que ignoras de dónde y cuándo surge, y de dónde y hasta qué lugar llega. Te preguntas por qué, por qué estás mal, por qué tienes angustia en ese preciso instante, y te sientes impotente. En esos casos, de pie frente al muro, no lo ves fresco y nuevo, sino que te das cuenta de que está mal blanqueado, con la pintura desconchada y repleto de agujeros. *Ese muro eres tú,* tu subconsciente ha permitido que se crearan esas *grietas.*

¿Por qué? ¿Por qué dejó tu subconsciente esas marcas, una vez salvaguardados los cimientos? ¿Por qué no las repara?

Porque tu subconsciente quiere que guardes un *rastro* (más o menos oculto) de *todo* cuanto te ha sucedido hasta el momento. Quizá podrías no ser capaz de enfrentarte a una situación mientras ocurre, pero, quién sabe, puede que algún día sí puedas, y tiene esto en cuenta, de ahí las grietas.

Grietas que a veces están del todo a la vista, y otras ocultas bajo varias capas de pintura.

De hecho, vale la pena preguntarse qué ocurrió *realmente* cuando se formó la *grieta.* Esa bofetada, esa palabra, ese abuso, ese luto, esa distancia, ese descuido, esa soledad que viviste —que a veces recuerdas y a veces no— y que van a tu encuentro de tantas formas diferentes en tu vida cotidiana, ¿por qué —en el momento en que sucedieron— no pudiste afrontarlos?

Llegamos, después de unas cuantas vueltas —caminando por nuestro sendero—, a un hermoso claro de tierra batida. En el centro se alza un magnífico semicírculo de escalones de mármol. Te sientas al final de uno de ellos y te das cuenta de que un delicado sonido de cuerdas se propaga en el aire. Levantas la vista: toda una orquesta se dispone a tocar para ti.

Una persona, para ser considerada como tal, no tiene que saber hacerlo todo. Una persona no debe tener todos los instrumentos, no tiene que ser capaz de soportar cada prueba, cada momento crítico y cualquier situación de forma excelente. Dicho de otro modo: no es necesario que un músico, para ser considerado como tal, sepa tocar *todos* los instrumentos. Con uno es suficiente.

Ninguno de nosotros *es* una orquesta.[*]
Puedes saber tocar solo el triángulo y seguir siendo músico.

El intérprete del triángulo te sonríe.

Puedes saber tocar veinte instrumentos musicales diferentes (pero no el triángulo) y seguir siendo músico.

El director de orquesta te sonríe.

Aquí, si quitas «músico» y pones «persona», funciona igual.

Tocan para ti melodías maravillosas.

Tú, para ser digno de amor, no debes saber afrontarlo todo.

Disfruta del concierto.

* A pesar de lo que dijera Fernando Pessoa: «Mi alma es una orquesta oculta; no sé qué instrumentos tocan y chirrían, cuerdas y arpas, timbales y tambores, dentro de mí. Solo me conozco como sinfonía». *(El libro del desasosiego,* Acantilado, 2013. Traducción de Perfecto Cuadrado).

La idea de que una persona debe tener las mismas características que todos los demás es una locura. Un alejamiento de la realidad, del que somos víctimas, porque estamos inmersos en una constante comparación con el otro; una comparación exacerbada por las herramientas de comunicación que utilizamos a diario, y la soledad en la que nos encontramos al usarlas.

Todos somos diferentes: no es que no seamos humanos, sino que todos tocamos instrumentos distintos, al igual que todos tenemos una voz diferente. De manera análoga, tu forma de reaccionar ante las cosas que suceden (dentro y fuera de ti) es única, tanto que a veces te parece incomprensible.

Tú no eres tus traumas (tú eres el muro, no la única grieta) y tus traumas no son culpa tuya, pero, si te ocurrió algo traumático, debes saber que esa herida resquebrajó un trozo del muro.

Donde ahora hay una grieta antes había una parte de ti.

Esa parte de ti que ahora está hecha añicos, esparcidos por doquier. ¿Qué son esos fragmentos? Esos fragmentos son las *puertas*. Las puertas que poco a poco estamos encontrando. Puertas que no puedes abrir sin antes entender lo que sucedió. Pero ¿cómo se entiende lo que sucedió? En pocas palabras, ¿cómo se *ve* un trauma?

La orquesta ha dejado de tocar, se inclina y te da las gracias. Tú te levantas, te inclinas y les das las gracias a tu vez. Es hora de seguir adelante, vamos hacia otra puerta, cerrada con llave.

Un trauma no es de manera necesaria una experiencia fuerte y visiblemente dolorosa.

Nos inclinamos a pensar que trauma es igual a dolor, y que trauma equivale a experiencia imposible de olvidar. Probablemente porque cuando oímos hablar de ello desde el punto de vista del soma (del cuerpo), es así como se nos cuenta. El trauma, en su acepción de trauma físico, es una lesión que sufre el cuerpo tras un acontecimiento repentino e imprevisto. Es posible que hayas oído o leído frases como estas: «Hemos encontrado un traumatismo articular, un esguince del tendón; tenemos que esperar cuarenta y ocho horas para ver si se puede operar», o «La radiografía muestra un traumatismo óseo, una fractura del peroné; hasta dentro de seis semanas no podrá iniciar la terapia de rehabilitación ni cuantificarse el tiempo de recuperación antes de que vuelva a jugar», o «Por desgracia, durante el accidente sufrió un grave traumatismo craneal; en estos momentos está en coma. Es demasiado pronto para decir lo que puede ocurrir».

¿Lo ves? De manera automática, atribuimos el trauma a algo intensamente memorable y visiblemente doloroso. Un accidente, una caída, la consecuencia de una agresión, etcétera.

¿El trauma psicológico es igual de doloroso? Por supuesto, pero no es tan *visible*.

Y, la mayoría de las veces, ni siquiera es *memorable*. No porque no haya nada que recordar, ¡ni mucho menos! Tu subconsciente, sin embargo, combate un trauma violento, un gran trauma, un trauma peligroso para tu supervivencia emocional y psíquica, como si fuera un enemigo. ¿Recuerdas lo que dijimos? Tu mente es la máquina de supervivencia más avanzada del mundo, tu cerebro es un formidable arquitecto defensivo. Y su estrategia más sofisticada —y, al mismo tiempo, la más cruel— es custodiar secretos y ocultar recuerdos, que cuando se revelan pueden ser devastadores.

La puerta sigue cerrada.

Es necesario ahondar mejor, desde el punto de vista científico, en este concepto.

Empecemos por la biología del cerebro. La corteza prefrontal, la parte que se encarga de los procesos de pensamiento racional, no tiene un control total sobre tus emociones. Más bien trabaja en tándem con la amígdala, el centro del cerebro

40

responsable de tus respuestas emocionales, en especial las relacionadas con el miedo y la ansiedad. Cuando experimentas un trauma, la amígdala reacciona de inmediato, mientras que la corteza prefrontal intenta analizar y clasificar el suceso. Pero cuando el trauma es demasiado grande, demasiado violento, la corteza prefrontal se ve desbordada y la amígdala toma el control. En términos químicos, como vimos antes, esto significa que tu cerebro se inunda de hormonas del estrés como el cortisol, que preparan al cuerpo para *luchar o huir*. Es una respuesta evolutiva ante la aparición de un peligro, pero en presencia de un trauma se convierte en una avalancha que lo arrolla todo a su paso. Cuando esto ocurre, tu cerebro entra en una especie de modo de ahorro de energía: la totalidad de sus recursos se dirigen hacia la amígdala y la supervivencia inmediata, lo que deja poco espacio para el pensamiento racional o la formación de recuerdos a largo plazo.

Esto también es un legado de nuestros antepasados, que debían estar preparados para reaccionar al instante ante una amenaza física (como el león depredador del que ya hemos hablado), pero, al contrario de lo que le ocurría a nuestros ancestros, en la sociedad moderna las amenazas pueden ser aún más sutiles y complejas, y las respuestas inmediatas y viscerales de la amígdala no siempre son adecuadas. Tu subconsciente entra entonces en acción, funcionando como un «protector», un «guardián». Se da cuenta de este trauma —grande, violento, amenazador— y «decide» por ti. Así, el trauma queda encerrado en un rincón de tu mente, custodiado por una puerta pesada y herméticamente cerrada. Es tu mente intentando protegerte, resguardarte. Lo hace porque quiere defenderte.

Lo hace porque cree que, en ese momento, es la única forma de mantenerte a salvo. Y aquí llegamos al meollo de la cuestión.

La cerradura salta: apoyas la mano en la manilla de la puerta.

Tu mundo interior no quiere que entres en guerra, sino que te escondas y esperes a que pase.

Porque, ante la duda, sin saber si ganarás, no te llevará a primera línea. Al contrario. Buscará para ti el camino que le parezca más eficaz *en ese momento*.

Y aquí introduzco un concepto muy importante.

En lo más profundo de tu ser, detrás del muro, en medio del laberinto, en tu subconsciente, en tus cimientos, el tiempo no existe.

Todo es *ahora* o *nunca* (que son lo mismo), todo es absoluto, *todo ocurre simultáneamente*.

«Una vez o de vez en cuando» es *siempre*.

«No sé si ocurrirá ni cuándo» es *nunca*.

Y lo que cree que necesitas son soluciones para *este* instante.

Ni para «dentro de cinco minutos», ni para «dentro de una hora», ni para «mañana», ni para «dentro de un año».

No. *Todo es ahora.*

Tu subconsciente no razona sobre el hecho de hacerte ganar mañana la guerra, razona para salvar tu vida *ahora*.

Es importante que lo entiendas, porque solo así podemos responder a la pregunta: «¿Cómo se hace para estar bien?».

Las estrategias de supervivencia que pones en marcha cada día —sin darte cuenta siquiera— no se crearon para hacerte estar *bien*. O al menos no para hacerte estar *bien* en la forma en que tú lo entiendes. Se crearon para afrontar con rapidez un peligro considerado momentáneo, no para hacer que progresaras hacia el *bienestar*. El problema surgió, por tanto, cuando la situación considerada peligrosa se repitió (o tú *percibiste* que se repetía): esa estrategia, ese funcionamiento, esa defensa, útiles para superar el momento difícil, se endurecieron o *se volvieron rígidos*.

¿Qué significa?

Que esas estrategias pasaron de ser funciones «listas para usar», útiles para combatir un estado crítico momentáneo, a ser operaciones rígidas, para aplicar en *cualquier* situación.

Imagina que quieres apagar un cigarrillo: en lugar de aplastarlo con el pie, tiras encima de él una vaca desde el balcón.* Eficaz, pero muy exagerado. Como lo es intentar a toda costa defenderte del peligro. Sin embargo, así es precisamente como funcionamos.

Hemos dicho que todo dentro de ti se moviliza para que no luches, sino más bien para que te escondas. ¿Y cómo actúa tu mundo interior para esconderte del peligro? ¿De la intrusión? ¿De la guerra? ¿De un dolor demasiado grande, de un padre que no sabe amarte de forma comprensible? ¿De un adulto que te hace daño? ¿De un llanto nunca atendido?

De muchas maneras.

Por ejemplo, **eliminando** el trauma de tus recuerdos, **ocultándolo** o **tergiversándolo**.

¿Por qué?

Porque el trauma es terriblemente doloroso, tanto que por eso lo consideramos como tal.

Es una experiencia tan lacerante que tu conciencia se quiebra y tu yo no sabe encararla. Incluso tu modo de supervivencia se ve sacudido, así como tu vida, tus elecciones, tu pensamiento sobre ti y la percepción que tienes de los demás. No cuentas con «reglas» para superarlo, no dispones de cartas para tener éxito.

El trauma psicológico es una partida de póquer en la que, para jugar, en lugar de cartas, te dan pasteles.

¿Has oído hablar alguna vez de un torneo de póquer de pasteles? No se puede jugar con *pasteles* en lugar de *cartas*. Y, del mismo modo, no se puede superar un acontecimiento traumático sin las herramientas adecuadas. Y un trauma es algo que no pudiste manejar. Y no, no pudiste hacer nada al respecto, todo ocurrió sin que tuvieras la más mínima conciencia de ello.

---

* Lamentablemente, esto no es mío, sino de Daniele Fabbri (un cómico y autor de raro talento).

La puerta se abre.

Probablemente estarás pensando en lo más horrible que te ha pasado en la vida (aunque espero haberte arrancado una sonrisa con las *cartas* y los *pasteles),* así que te diré algo muy importante: lo que te viene a la mente puede haber sido la experiencia más devastadora, perniciosa y dolorosa de duelo, soledad, violencia…, pero el trauma —tal como hablamos de él en este momento— no es «simplemente» sinónimo de dolor o fatiga o gran dificultad.

Por ejemplo: si tienes un recuerdo de él, pero no te obsesiona; si sientes emociones por lo sucedido, pero su eco no ha modificado tu modo de vivir experiencias similares; si es parte de ti, de tu cotidianidad, si has procesado lo sucedido… Pues bien, por muy mala que haya sido esa experiencia, tal vez no haya sido traumática, o al menos hoy quizá ya no lo sea.

No lo estamos menospreciando, que quede claro, no lo estamos juzgando. No obstante, psicológicamente hablando, **traumático es diferente de doloroso.** Traumático es distinto de memorable. Son dos cosas diferentes, una no es mejor ni peor que la otra.

Simplemente, significa que, para algunas experiencias, por devastadoras que fueran, disponías de herramientas funcionales y pasaron a formar **parte de lo que fue;** para otras no, y siguen formando **parte de lo que es,** de un modo disfuncional para tu felicidad. Ahí radica toda la diferencia.

Tienes que atravesar la puerta.

Después del juicio viene la duda. Por ello, es probable que te hagas preguntas sobre todas las experiencias malas que recuerdas y sobre lo que sea que no recuerdas.

Respira. Detente.

No tenemos forma de acceder a nuestros traumas de forma rápida y autónoma, no contamos con ese poder. *La mente no funciona así*. Y menos mal. Si tuviéramos una forma de acceder a nuestros traumas cuando se nos antojara, no podríamos vivir. No tenemos un acceso directo y consciente a esos recuerdos. Imagina si en cualquier momento pudiéramos revivir las experiencias más traumáticas del pasado. No tendríamos la paz mental necesaria para afrontar el presente y planificar el futuro. Precisamente por eso el proceso de curación del trauma, sobre todo cuando se trata de traumas profundos y persistentes, requiere un enfoque terapéutico profesional.[1]

Por tanto, sí, es normal que sientas curiosidad y dudas respecto a posibles recuerdos traumáticos ocultos, pero recuerda que la mente hace su trabajo: trata de protegerte. Y por eso es crucial respetar sus tiempos. Por esta razón caminamos por un laberinto, paso a paso, en lugar de recorrerlo sobre una moto acuática haciendo caballitos, disparada a ciento ochenta kilómetros por hora.

El hecho de comprender que hay algo, como hemos dicho, es ya muy importante, útil para hacer hipótesis, para eso estamos aquí.

Así que pregúntate: *¿Cómo estás?* Es más: *¿Dónde estás?*

Hemos afrontado otra vuelta, hemos ido a la izquierda, el aire se ha vuelto menos limpio, la luz escasa, el suelo cruje un poco.

¿Qué ves? ¿Hay algo *extraño?* ¿Fuera de lugar? ¿Cómo son tus formas de reaccionar ante las cosas, todas iguales, incluso cuando no lo parecen?

Ciertas maneras tuyas de actuar, tan obvias, tan evidentes, a las que accedes sin pensar en ello siquiera, a veces te parecen forzadas y otras no.

Ciertas maneras no te llevan a donde quisieras estar, pero aun así las repites la próxima vez.

Quizá para ciertas elecciones te gustaría tener la libertad de decidir, y en cambio tus decisiones no te parecen tan libres, pero no puedes explicar qué las fuerza.

Mira conmigo: en todos estos escenarios, ¿dónde estás tú?

Un columpio se alza frente a ti. Es diferente al balancín, más oscuro. Chirría. Pero te subes a él de todos modos. Mientras te columpias, te preguntas si ciertos recuerdos son reales, si ocurrió como dices tú. Si son recuerdos de cosas importantes.

Estás *devaluando* lo que te ocurrió. Al devaluarlo, lo alejas. Otra vez. Tu mundo interior te protege de enfrentarte a él. Pero estamos aquí para eso.

Aunque no es del todo seguro que mientras crecías te ocurriera algo tan especial, merece la pena ir a echar un vistazo.

Colúmpiate hacia atrás.

Aunque pienses que no has vivido acontecimientos traumáticos que te diferencien de los demás, merece la pena encender la luz y observar mejor lo que hay a tu alrededor.

Colúmpiate hacia delante.

Y ahora los ves, tus ojos se han acostumbrado a la luz, a tu alrededor hay puertas, candados, más puertas y más carteles.

LA MÍA FUE UNA FAMILIA NORMAL.

Colúmpiate hacia atrás.

EN REALIDAD, MI FAMILIA NO ME TRAUMATIZÓ.

Colúmpiate hacia delante.

NO PUEDEN SER ELLOS, SOY YO. YO SOY EL PROBLEMA. NO PUEDO CULPAR A MI FAMILIA, NO PUEDO CULPAR A NADIE.

Colúmpiate hacia atrás.

Respira.

Lo sé.

No tengas miedo. Lo estás haciendo todo bien.

Interroguémonos sobre tu pasado por un momento. No tienes conocimiento de él, porque para defenderte, para defender el amor que necesitabas, para proteger las puertas de tu mente, buscas algo *grande, memorable, visible.* Pero lo que te ocurrió tal vez fuera simplemente *distinto,* lo que no significa menos doloroso.

Tal vez la persona que te crio te puso en la tesitura constante de creer que debías ser tú quien cuidaras de él o ella, y no al revés.

Colúmpiate un poco hacia delante.

Y quizá, de forma más o menos consciente, quienes te criaron te designaron como la única persona que podía, o no, hacerlos felices, o ser capaz de cuidarlos o de darles satisfacciones, de no desilusionarlos, e incluso de mantenerlos con vida.

Colúmpiate una vez más hacia delante.

Y quizá mucho más.

Baja del columpio.

Aquella vez un acontecimiento desencadenante te asestó un golpe: tu mundo interior se resintió, para defenderte y hacerte reaccionar, con el objetivo de tu supervivencia.

Para intentar comprender cómo ha podido ocurrir, utilizaremos un esquema y un ejemplo.

Este esquema: comportamiento parental → acontecimiento desencadenante → defensa → endurecimiento (o rigidez) de la defensa.

Y este ejemplo: la *adultización*.

Antes de entrar en los detalles del ejemplo, conviene comprender mejor qué representa cada uno de los términos del esquema.

El «comportamiento parental» es, como sugiere el término, la forma en que un progenitor, o una figura de autoridad, actúa con un niño. Este comportamiento puede ser tanto positivo como negativo, pero en el contexto del trauma nos concentramos principalmente en las acciones que pueden causar daño o estrés psicológico.

El «acontecimiento desencadenante» es un incidente o situación particular que origina el trauma. Este acontecimiento puede ser un único suceso traumático o una serie de acontecimientos repetidos que causan angustia a lo largo del tiempo. Es significativo porque representa el punto de ruptura que impulsa al niño a desarrollar un mecanismo de defensa.

Así pues, la «defensa» es el mecanismo que el niño desarrolla en respuesta al acontecimiento traumático para protegerse. Puede adoptar muchas formas, según la personalidad del niño y la naturaleza del acontecimiento desencadenante. A menudo, estas defensas pueden parecer funcionales (motores) o incluso positivas en la superficie, pero en realidad solo sirven para esconder o negar el trauma subyacente.

Por último, el endurecimiento (o la rigidez) de la defensa se refiere al proceso por el cual el mecanismo de defensa se arraiga tan profundamente en la personalidad del niño que se vuelve automático o incontrolable. Esto puede provocar mucho dolor con el tiempo, ya que estas defensas tal vez resulten disfuncionales o dañinas.

Veamos ahora el ejemplo concreto: la *adultización*.

Quizá te encuentres plenamente representado por estas palabras, del mismo modo que puedes sentir un profundo hastío, pena o rabia por ellas. Cualquier emoción está bien, incluso si son palabras que sientes lejanas: no las juzgues y no te juzgues, deja que muestren las puertas cerradas. Suelta la respiración, déjala pasar, ella sabe dónde ir. Caminemos.

El posible comportamiento parental

En nuestro escenario, el posible comportamiento parental podría haber sido *adultizarte*.

La adultización de un niño por parte de una figura parental se refiere al proceso por el cual un progenitor espera o impone a su hijo que asuma funciones, responsabilidades o comportamientos típicos de los adultos, a pesar de que la edad o el desarrollo emocional del niño no sean apropiados para tales expectativas.

A pesar, por tanto, de que tu edad o tu desarrollo emocional no estuvieran a la altura de sus expectativas, es posible que te hayan pedido que te comportaras como un «adulto».

¿Cuántas veces has oído esta frase? «Es tan mayor para su edad. Tiene una madurez que los otros niños no». A eso me refiero.

Es posible que tus figuras parentales se hayan apoyado excesivamente en ti para satisfacer sus necesidades emocionales, físicas o prácticas sin darse cuenta siquiera de eso. Comparándote con otra persona, pidiéndote que no los enfadaras o les hicieras llorar con tu comportamiento, pidiéndote que los apoyaras porque tenían mucho que hacer, solicitándote que consiguieras ciertos objetivos «por ellos». «Hazlo por mí, hazlo por nosotros».

Y aquí llegamos al acontecimiento desencadenante. Tu familia pone en práctica una serie de expectativas increíblemente poco realistas sobre tus capacidades. Expectativas, sin embargo, que en un primer momento pueden incluso funcionar *como motor*. Pero ¿qué ocurre luego, después de que hayas intentado con todas tus fuerzas no decepcionarles? ¿Qué pasa si piden más, qué ocurre si lo piden una y otra vez? ¿Qué pasa si no hay garantías, si no hay gratificaciones? Lo que ocurre es que la mente traduce esa prisa y ese afán en una confirmación continua de fracaso. Y esas expectativas que elevaban sin cesar el listón se convierten en las cadenas de tu incapacidad para lograrlo, dejándote creer que tu familia te percibía como una desilusión constante. ¿Y quién no se defendería de semejante dolor? Qué terrible angustia conlleva.

El acontecimiento desencadenante

El **acontecimiento desencadenante** puede haber sido que *vieras,* continuamente, a un adulto necesitado de amor, de ayuda, a través de sus exigencias. Esto creó un conflicto en ti: el intento de explicarte y proteger su amor que ya no podías leer, comprender. Esa necesidad atávica de amor. **Como la que tienen todos los niños del mundo.** Es posible que la *grieta* se haya creado como resultado de este conflicto, de todas esas puertas también cerradas. Sin darte cuenta, haciendo todo lo posible por defender a esa o esas figuras parentales ante tus ojos, no **como seres humanos,** sino **como padres,** volviste a sentir el amor y la aceptación, que venía *de ellos hacia ti,* y no al revés. Una constante que, para un niño, no es una opción: es la única posibilidad.

La defensa

Aquí está, por tanto, tu **defensa,** creada y lista para usar: ser tú quien se ocupe de ellos, satisfacer cada una de sus necesidades, cada una de sus demandas. Así encontrarás una manera —inconsciente y, por desgracia, disfuncional para tu felicidad— de salvar esa brecha de amor que se abre entre vosotros. Llegar donde ellos no llegaron: construir una relación de cuidados, de cercanía, de escucha. Hacer que funcione de todos modos, aunque sea *al revés*. **Una defensa, de hecho, la mayoría de las veces, mantiene cercano al objeto de deseo, no distante.** Y eso es todo lo que le interesa al inconsciente: mantenerte cerca de tu deseo, encontrar una estrategia para hacerte sentir **amado.** Por desgracia para ti, esa estrategia consistía en hacerte sentir útil.

Rigidez (o endurecimiento) de la defensa

Por último, encontramos la **rigidez** o el endurecimiento de esta defensa. ¿En qué consiste? El hecho de que una defensa se vuelva rígida se refiere al proceso mediante el cual un mecanismo de defensa, en principio usado para protegerte de la angustia y el conflicto interno, se torna rígido, persistente e inflexible con el tiempo. ¿Y cuál podría haber sido el tuyo?

Ocuparte de quien fuera y dar forma así a tu vida. Ahí está el endurecimiento de esa estrategia defensiva y el cómo se volvió rígida: la estrategia te movía a ser útil a tus padres para recuperar su amor, pero ahora ya no solo tienes que mostrarte útil para ellos, sino serlo en cada relación. En todas ellas. **Como si solo pudieras relacionarte así con un ser humano.** Una defensa que continuaste utilizando para sobrevivir psicológicamente a la falta de amor, del cual creías que cualquier persona te privaría si no la satisfacías. Ahí está la sugerencia de tu subconsciente, la respuesta al conflicto, ahí está la estructura de comportamiento que crees que es simplemente un rasgo de tu carácter, ser *una persona* exageradamente *empática*: **amar, para sentir amor.**

En conclusión, al analizar las posibles dinámicas parentales que pueden llevar a tales sentimientos —por ejemplo, a una forma de ansiedad por el rendimiento—, estamos ante una estructura delicada y compleja. No existe un único comportamiento parental «culpable» de estas dinámicas, sino más bien una serie de actitudes y expectativas que pueden conducir, en determinadas circunstancias, a la creación de un entorno emocional y psicológico en el cual la ansiedad por el rendimiento está en situación de florecer.

La *adultización* (o adultez prematura) de los niños, el peso de expectativas irreales y la falta de gratificación y tranquilidad pueden sentar las bases para la formación de un conflicto interno y, por tanto, de un acontecimiento desencadenante. Un niño, en un intento de proteger a las figuras parentales y de buscar constantemente su amor y aceptación, quizá desarrolle defensas que, a largo plazo, se vuelven rígidas, se endurecen y se convierten en la respuesta automática a situaciones de estrés o conflicto.

En este escenario, la defensa se convierte en ser «útil», en cuidar de los demás, como si fuera la única manera de ser amado y aceptado. Esta defensa, aunque desempeñó un papel crucial en tu infancia, con el tiempo se endurece y se convierte en un comportamiento automático en todas las relaciones, en todos los contextos, con consecuencias a veces disfuncionales para tu bienestar.

La importancia de reconocer estos patrones, estas grietas ocultas, de abrir estas puertas, no radica tanto en encontrar un culpable como, más bien, en iniciar un proceso de autocomprensión. Una vez más, no se trata de condenar o juzgar los comportamientos parentales, sino de comprender cómo han influido en tu forma de establecer y mantener relaciones, primero contigo mismo y luego con los demás.

Recuérdalo siempre: no se trata de etiquetar y juzgar, sino de entender y aceptar. La verdadera dificultad, por tanto, es reconocer estos patrones, *ver* las grietas, abrir las puertas, darte la oportunidad de ir más allá; de cambiar la perspectiva, el punto de vista, buscar tu felicidad, aprendiendo a amarte a ti mismo, liberándote de las elecciones que «otros» hicieron por ti. Es un viaje de descubrimiento, aceptación y amor. Sí, no solo lo que puedes dar, sino también lo que *deberías* poder recibir. Este giro trae consigo una nota, en realidad una partitura, simple pero fundamental: **no solo *cómo* eres, sino también *dónde* estás.**

El de la ansiedad por el rendimiento era, como decíamos, solo un ejemplo. Puede que te hayas sentido totalmente identificado con él, puede que hayas sentido pena, rabia, desapego. O tal vez no lo hayas percibido como tuyo. Lo importante es que te des la oportunidad de empezar a ver las grietas, de abrir las puertas, dándote un poco de espacio para respirar hondo y tener el deseo de tomar el camino correcto. Intentando abrazar algún recuerdo dentro de ti, que parece conectar muchas otras cosas. Quizá por primera vez.

Ahora es tu turno. Deja la maleta en el suelo; es una costumbre tan arraigada en ti cargar con ella que ni siquiera sientes su peso. Ábrela, empieza a sacar trastos y déjalos ahí, en el suelo. Toma el cuaderno, coge un lápiz.

Toma cien, diez o incluso solo un recuerdo. Intenta llenar aunque solo sea una línea, da lo mismo. Es suficiente. No hay tiempo ni objetivo, no hay meta que alcanzar ni premio que ganar. Solo un poco de tiempo para ti, contigo mismo. Lee las próximas líneas, apunta lo que te apetezca escribir. Si no te apetece, descansa. Tómate este día para *estar*. Aunque tengas cosas que *hacer*.

| COMPORTAMIENTO PARENTAL | → | ACONTECIMIENTO DESENCADENANTE | → | DEFENSA | → | ENDURECIMIENTO DE LA DEFENSA |

Comportamiento de las figuras parentales:

_____

_____

_____

Potencial acontecimiento desencadenante (más o menos repetido):

_____

_____

_____

Posible defensa:

_____

_____

_____

Posible rigidez defensiva:

_____

_____

_____

Deja pasar al menos veinticuatro horas antes de leer el siguiente capítulo.

Nos vemos mañana. Siempre estoy aquí, y todo lo que eres está bien, te lo prometo. Te quiero.

4

sobre respirar bajo el agua

asimila, inspira y espira

Estás sentado en un banco, en paz. A tu alrededor hay una hermosa vegetación; llevamos un rato en el laberinto. Miras hacia arriba, ves muchas frases, carteles, colgados en las ramas: están desgastados, erosionados por el tiempo y la intemperie, sin orden ni concierto. Los lees, dicen así:

No me ha ocurrido nada relevante para el desarrollo de las dinámicas que utilizo a diario.

Solo es posible comportarse como lo hago.

La razón por la que siento tanta angustia se debe al estrés, o a la pereza, o a la procrastinación, o al egoísmo.

Soy una persona condenada a ser infeliz, incapaz de conseguir lo que quiere, un fracasado con patas, sin tiempo ni medios suficientes para triunfar, pero que, al mismo tiempo, no puede dejar de ayudar a todos los que lo rodean, para que los demás (por ingratos que sean a mis constantes esfuerzos) sigan existiendo, sobreviviendo, viviendo, siendo felices.

Ahora te giras hacia el otro lado y ves otras señales. Están menos deterioradas. Las lees, dicen así:

HE CREADO EN MI INTERIOR EL DOLOR SORDO DE NO PODER SER NUNCA LA PERSONA QUE QUISIERA SER.

NUNCA SOY CAPAZ DE LOGRAR LO QUE CREO QUE ES MEJOR PARA MÍ.

SACRIFICO MIS ESPACIOS Y MIS NECESIDADES, COMPLETAMENTE BORRADO POR LOS DE LOS DEMÁS, TODOS LOS DEMÁS.

CREO QUE ES CULPA MÍA NO PODER TENER RELACIONES SATISFACTORIAS Y LA VIDA QUE QUIERO: NO DEJO DE DECIRME A MÍ MISMO QUE NO HAY NADA MALO EN MI PASADO. CREO QUE ES CULPA MÍA, AUNQUE REALMENTE NO SÉ POR QUÉ.

Y ahora respira.

Miras al suelo, se está llenando de agua, que sube rápidamente, lo moja, rebasa el banco, te llega a los hombros. Mantienes la cabeza por encima del agua y nadas hacia una puerta, estás en un enorme estanque rodeado de vegetación. Todos los carteles se han caído de las ramas, algunos flotan en la superficie, otros ya no se ven, deben de haberse hundido.
Respiras, fuera del agua. Sigues nadando. Cuando sumerges la cabeza, cierras la boca y aguantas la respiración.

Cuando estás bajo el agua, tu cuerpo actúa respecto al «reflejo de inmersión», adaptándose fisiológicamente para sobrevivir. Una operación muy parecida a lo que hace tu mente en este momento. Para que sobrevivas bajo el agua, te hace *pensar* de forma diferente. Te hace vivir de forma distinta. Te confía la *ansiedad.*

La ansiedad es un motor. La ansiedad es una distracción. La ansiedad es un sonajero que te hace pensar en otra cosa siempre que intentas comprender por qué estás mal. Siempre que intentas *ver* la grieta, el trauma, ajustar cuentas. ¿Qué puedes hacer? Seguir nadando y buscar la puerta. *Observarte,* lentamente, día a día; dejar que el trauma emerja, una vez que le has dado espacio para surgir, como una respiración en el fondo de la garganta tras una larga apnea.

Como si salieras del agua tras una vigorosa brazada.

Estás en pie frente a una puerta, flotas en el agua mientras extiendes la mano y empujas la manilla. La puerta se abre, y el agua fluye a través de ella y su volumen disminuye hasta desaparecer. Te detienes, solo quedan unos charcos en el suelo, mientras el sol te seca. Atraviesas la puerta y la dejas atrás.

Sin embargo, no elegirás sacar a la luz lo que necesitas observar, sino que aparecerá a trozos, en imágenes, con el paso del tiempo. Y con el paso del tiempo observarás esas imágenes por lo que son, sin juzgarlas. Con el tiempo abrirás una puerta, y luego otra, sabiendo lo que son: trozos de ti, que han cambiado tu forma de relacionarte con el mundo, que tienen la dignidad de integrarse con el resto de ti y dejarte ser, dejarte estar, sin hacerte daño, mientras intentas hacerlo *bien,* antes de *hacerlo.* Se convertirán en algo mejor para ti, más funcional, no solo para tu supervivencia, sino también para tu felicidad. Por este motivo estás aquí.

Para volver a respirar correctamente, a través de cada puerta, cada vuelta, cada brazada o paso: con un corazón limpio, que solo te pertenezca a ti.

5

sobre el bosque

la eficacia de Caperucita Roja

Hemos visto que, cuando piensas en tu infancia —una experiencia más o menos distante—, recuerdas algunos episodios de manera *vívida,* intensa, distintiva. Otros, en cambio, son confusos o no los recuerdas en absoluto. Puedes evocar con extrema claridad y facilidad ciertos acontecimientos que ocurrieron en días específicos: momentos precisos, nítidos, como si hubieran sucedido apenas unas horas antes. Por el contrario, de otros has perdido toda noción, como si nunca hubieran ocurrido. Te dices que será así porque ha pasado demasiado tiempo, que así funcionan las cosas. Sin embargo, cuando alguien te relata detalles e instantes de tu vida que no recuerdas, te parece *extraño.* De hecho, a ti no te vienen a la mente, o tu versión de ellos es del todo distinta.

Además, esos momentos ocultos, o tergiversados, podrían ser momentos *traumáticos,* y especulamos sobre cómo intentar reconocer algunos. Pero ¿tal vez esos momentos, tan vívidos, sean *algo más?* Sí. Quizá sean momentos *emblemáticos.* Acontecimientos que han definido, reforzado, dado forma a tus maneras de defenderte y, por tanto, de comportarte. Sí, porque del mismo modo que debemos esforzarnos en no pensar en los traumas como acontecimientos exclusivamente memorables y visibles, también debemos dejar de creer que solo pueden ser acontecimientos *aislados.* Un trauma también se crea por una serie de acontecimientos similares que se repiten a lo largo del tiempo. Esta experiencia puede igualmente crear una *grieta*. Una grieta bastante profunda, si lo piensas bien, porque *insiste* una y otra vez. Hemos visto, de hecho, que una defensa —puesta ahí para arreglar un problema momentáneo— podría haberse convertido en una serie de operaciones arraigadas* que aplicas sin saberlo, tratando de unir puntos de tu yo (que no están unidos) para intentar, una y otra vez, satisfacer un deseo que sigue en el pasado como si, en cambio, existiera en ese preciso instante. Ese deseo es hijo de un acontecimiento (o de varios) que crearon esos fragmentos de ti. **Los momentos que mejor recuerdas de tu infancia tal vez son precisamente los que endurecieron tus mecanismos de defensa existentes.** La mayoría de las veces, son precisamente los momentos a los que la gente se refiere sin saberlo diciendo frases como: «Ah, me acuerdo de aquella vez… ¡Eso fue un trauma para mí!».

Intentaré contártelo así: imagínate que eres Caperucita Roja, que ya has estado en el bosque, que ya has luchado contra el lobo y has salvado a la abuela. Si te preguntara qué te ha enseñado esa experiencia, ¿qué me dirías?

Has de saber que tu respuesta, sea cual sea, no es universal. No es la respuesta que daría todo el mundo. Cada uno de nosotros está acostumbrado a creer que el poso que nos dejan las experiencias —lo que nos enseñan— es universal; como si solo hubiera una lección posible que aprender: la que hemos comprendido.

Tendemos a pensar que lo que ocurre en nuestro mundo interior, que es el *mundo* para nosotros, es universal. Que todos experimentan las cosas como nosotros, que solo aprenden —o tienen la oportunidad de aprender— lo que nosotros hemos aprendido, siempre.

Creer que los demás perciben las experiencias, o aprenden de ellas, del mismo modo que nosotros es un tipo de sesgo denominado «efecto de falso consenso» *(false consensus effect)*.†

* El término más adecuado es intrapsíquicas.

† Existen muchos tipos de sesgo cognitivo, como el efecto de falso consenso,

Un *sesgo* en general es una distorsión sistemática del pensamiento racional. Es una tendencia, innata en la mente humana, a crear juicios de forma sesgada debido a prejuicios personales, tendencias sociales, expectativas o emociones. Estos *saltos* del pensamiento influyen en las decisiones que tomamos, en lo que creemos y en las interacciones que mantenemos con los demás.

En concreto, el falso consenso es una tendencia cognitiva por la que una persona considera que sus comportamientos, actitudes y creencias son más comunes o aceptados de lo que realmente son. Este *sesgo* lleva a sobrestimar hasta qué punto otras personas comparten nuestras opiniones, creencias, comportamientos y valores.

Lo que se deriva de este *sesgo* específico, este sentimiento, esta certeza, el ejemplo de que solo esa moraleja puede derivarse de *esa* historia, no es en realidad más que un *absoluto*.

Un absoluto, como tal, no conoce el tiempo, ni el espacio, ni el movimiento.

Es, a todos los efectos, *infinito*. La cuestión es que ese pensamiento recurrente y absoluto, que parece impregnar toda experiencia posible, funciona única y exclusivamente dentro de ti, y no tiene ningún anclaje en la realidad.

Una vez más me gustaría señalar que no se trata de una cuestión de capacidad: no es que hayas asimilado cosas que no debían asimilarse porque eran «erróneas» o inexistentes, sino que llamo tu atención sobre lo que ocurre en tu interior. Tu subconsciente posee diferentes niveles de *conexión* con la realidad, y estamos analizando este aspecto concreto: los *absolutos*, que no tienen ninguno.

Lo que *tú* aprendiste como Caperucita Roja, volviendo a nuestro ejemplo, no es lo que habría aprendido *yo* ni lo que habría aprendido cualquier otra persona en tu lugar. Yo, por ejemplo, podría haberme centrado en el hecho de que ir a casa

el sesgo de confirmación, el efecto halo *(halo effect)*, el sesgo de disponibilidad y muchos otros.

de la abuela y llevarle una cesta de comida para mantenerla (es decir, ser generoso) es una engañifa. Podría pensar que sería mejor ser egoísta. En cambio, otra persona quizá habría aprendido que hay un remedio para todo, que incluso ante la peor adversidad (como acabar dentro del estómago de alguien) siempre hay una salida. Otro tal vez habría sacado la conclusión de que sin la ayuda de los demás (por nombrar solo a uno: el cazador) no es posible salir adelante en la vida. Alguien habría podido convencerse a sí mismo de que era un tonto por no haber reconocido al instante que no era su abuela, y habría decidido no volver a confiar en sus instintos. Y tú, por último, tal vez habrías pensado que vagar solo por el bosque es una idea estúpida que únicamente trae problemas. Así pues, ¿cuál es la moraleja del cuento? Seguramente el escritor tenía una en mente, pero en este caso tú eres el autor de la historia. **Por tanto, la moraleja que puedes extraer de una situación depende únicamente de las herramientas que tengas, al servicio de las defensas que hayas desarrollado para sobrevivir.**

Las defensas de las que dispones influyen fuertemente en tu experiencia y lo que extraes de ella (la moraleja). Así que volvamos al tema de las defensas: tus defensas, como hemos visto, no solo te permiten sobrevivir, sino que también te aseguran que elijas *seguir* siendo exactamente como eres. A tus defensas, de hecho, que quieras cambiar (quizá para ser más feliz), como hemos dicho, les *importa poco,* a pesar de todos los esfuerzos que puedas hacer.

¿Sabes las docenas de veces que has intentado cambiar intentando modificar los comportamientos desde *fuera hacia dentro?* ¿Apuntarte a un gimnasio, intentar llevar un diario, intentar meditar, dejar de salir con ciertas personas, intentar comer de forma diferente, etcétera? Siempre, al cabo de un tiempo, te encuentras en la casilla de salida, ¿verdad? ¿Por qué? **Porque la motivación es un mito.**

¿Por qué? Por dos razones: **la motivación se basa en emociones temporales,** está alimentada por las emociones y deseos del momento, que son efímeros. Una vez que la emoción se desvanece, la motivación también puede desaparecer. Pero tú no lo sabes y te crees culpable, inepto… Además, **la motivación,** precisamente porque es una quimera ligada a la emoción, **exige una recompensa inmediata:** la necesidad de ver un beneficio al instante. ¿Un ejemplo? Me despierto, es lunes, me pongo a dieta. Es martes, me miro en el espejo, no parece que haya perdido peso. La motivación se desploma.

Imagino que tu mente se las ha arreglado para darte docenas de respuestas diferentes por las que te encuentras de nuevo en la casilla de salida, sin la más mínima motivación, y supongo que todas son muy parecidas entre sí; a saber, que es culpa de tus *defectos*. No eres la persona que quieres ser por pereza, maldad, incapacidad, etcétera.

Y sin embargo no es así: son tus defensas las que hablan así, y su trabajo, cada vez que intentas imponerte un nuevo comportamiento (de fuera hacia dentro), es asegurarse de que no haces peligrar los cimientos de tu ser, porque no están seguras de que puedas afrontarlo. Ellas (tus defensas) te han sostenido hasta ahora y están seguras de que, tal como eres, funcionas y respiras. Así que en realidad no tienen ninguna intención de llevarte a hacer intentos diferentes, quizá «fallidos», de llevar tu vida de manera distinta a como lo haces hoy.

Por tanto, aparte de que no es culpa tuya autosabotearte, es hora de aprender que, de todas formas, no sería posible, porque **el autosabotaje tampoco existe.** Eso también es el resultado de la defensa. El autosabotaje es el nombre que damos a las dinámicas y estrategias que ponemos en práctica y que creemos que actúan en contra nuestra. ¿Qué son? Estrategias fruto de defensas que nos permitieron sobrevivir en otros tiempos y que ahora se han vuelto rígidas. ¿Quieres un ejemplo?

Imagínate que en tu familia siempre hubiera alguien resentido contigo de un modo u otro. Siempre te decía que eras incapaz o que eras una decepción. ¿Cómo se sobrevive a un dolor así? Uno sigue la corriente, se dice a sí mismo: «Es verdad, soy un fracasado. Me odio». Decir «me odio» es una forma de hacer que el otro deje de decírnoslo, ya que, desde lo alto de su autoridad paternal, de esta manera cree haber acertado: habernos dado una lección. ¿Lo ves? La tuya fue una estrategia de supervivencia, porque despreciarte en ese momento, por monstruoso que fuera, seguía siendo más fácil que aceptar que la persona que se suponía que te quería solo era capaz de humillarte. Esta estrategia te protegió durante mucho tiempo, solo que seguir hoy sin creer en lo que haces y en lo que eres te lleva a obtener resultados que no son los que te gustaría. **No se nace inseguro, es solo una defensa.** No tienes que dejar de autosabotearte, solo tienes que *ver* qué defensas te hacen actuar de un modo disfuncional para tu felicidad.

Lo sé, las defensas parecen infames. Recordemos que siempre son ellas las que —metafóricamente— apagan un cigarrillo lanzándole encima una vaca.

Las personas que han cuidado de ti desde que naciste han contribuido de forma prácticamente unívoca* a la formación de tus defensas. Precisamente has aprendido a *sobrellevar* las situaciones en base a cómo tus defensas han respondido a tus necesidades básicas. Un bebé que llora y al que se tranquiliza, que recibe una respuesta inmediata de sus figuras parentales —a su vez capaces de identificar la necesidad subyacente a ese llanto (comida, sueño, dolor físico, malestar, miedo, etcétera)—, desarrollará unas defensas completamente diferentes a las de otro al que se deja llorar hasta *desconectarse.†*

En resumen, desde tu más tierna infancia, se te inculcaron toda una serie de informaciones que configuraron tu forma de responder a lo que sucede, tanto desde dentro como desde fuera. Las *reglas* por las que, en esencia, sobrevives. Y la forma

---

* La genética y el entorno también desempeñan aquí un papel, aunque menor.

† Desconectarse, no dormirse, y de esto te hablaré dentro de unos capítulos. Es una práctica común y bárbara, basada en la creencia de que los bebés pueden calmarse solos e incluso dormirse en algún momento, pero el cerebro de los bebés NO funciona así, y hablaremos de esto más adelante.

en que sobrevives es el **motor fundamental de tu forma de vivir.** Recuerda de nuevo: la supervivencia, para tu yo interior, es el objetivo más importante. Y por supervivencia se entiende todo: desde lo que decides hacer si tienes delante un león o un lobo hasta cómo reaccionas si alguien te abandona o te traiciona. Supervivencia también significa cómo y por qué eliges una facultad o una carrera, así como de qué manera decides abandonarla. Cómo haces o quieres hacer un determinado trabajo, cuándo y por qué decides posponer o asumir un compromiso. Si, volviendo al ejemplo del llanto, has tenido que calmarte desde muy pequeño sin que nadie te ayudara, habrás aprendido (por ejemplo) que una forma de enfrentarte a situaciones complejas, que son fuente de angustia para ti, es *desconectarte*. También en un sentido metafórico, quizá no anteponiendo nunca tus necesidades a las de la otra persona en una relación. Si, por el contrario, tus padres siempre acudieron en tu ayuda, es posible que hayas aprendido que tus necesidades y deseos son importantes, que puedes tenerlos, que cuentan, que tu voz, cuando se escucha, tiene derecho a ser oída. Así funciona lo que hemos llamado *moraleja* y que no es otra cosa sino lo que uno toma de su experiencia. Podríamos decir que es, a todos los efectos, la experiencia misma, lo que obtienes de ella.

Esos momentos que recuerdas muy bien de tu infancia podrían ser por tanto *emblemáticos,* porque confirmaron lo que tu subconsciente ya estaba creando para ti.

¿Por qué? Tu cerebro debe procesar una enorme cantidad de información, todo el tiempo, así que necesita atajos: necesitas no tener que pensar en un montón de cosas una y otra vez (eso ya lo haces bastante, cuando tienes ansiedad); de lo contrario *pierdes el tiempo.* Por ello, una vez que has aprendido un procedimiento, un procedimiento que funciona —por ejemplo, el de desconectar—, se vuelve a aplicar hasta el infinito sin pararse a pensar en su eficacia para hacerte feliz o liberarte de la angustia, sino en su eficiencia. El cerebro es eficiente, debe serlo. Tiene demasiado que hacer como para centrarse en tu bienestar. Eso, como hemos dicho, depende de ti. De hecho, depende de nosotros, que para eso estamos aquí.

Es necesario observar y comprender cómo funcionan tus dinámicas *internas* específicas, una por una, y aprender a *verlas como lo que* son: un trauma, una defensa, una experiencia emblemática, etcétera. De este modo podrás reducir su poder, afrontarlas, acogerlas y, finalmente, aceptarlas. **El objetivo no es cambiarlas, sino aceptarlas.**

Si, por el contrario, intentas cambiar imponiéndote lo que debes hacer desde el exterior, no funcionará, porque lo que subyace a tu comportamiento —que parece normal y en cambio te hace infeliz— nunca lo verás. Por eso tenemos que ir a buscar la felicidad al bosque. Y debemos ver por qué tu respuesta a la pregunta «¿qué te ha enseñado esta experiencia?» es esta y no otra. Y ver si realmente te gusta.

6

sobre la verdad acerca de quién eres

tú no eres tus padres

Tú no eres tus padres.

Y créeme, el libro podría terminar aquí. Porque, una vez absorbida esta información, una vez que *realmente* la haces tuya, una vez que comprendes plenamente el significado de estas cinco palabras, todo cambia.

Veamos cómo: a estas alturas ya has leído hasta la saciedad que a tu *cerebro* no le importa que seas feliz, solo que funciones.

Pero ¿de qué manera decide *cómo?* Pues bien, los caminos que toma para hacerte funcionar no los aprendió por sí solo.

¿Alguna vez te has encontrado pensando en frases como «a mi madre le gusta el pan dulce y a mí me repugna»? ¿O «mi padre y yo somos idénticos; de hecho, los dos somos del signo virgo»?

Ahora, más allá de intentar desmontar el logrado esfuerzo colectivo centenario por mantener vivas las creencias populares vinculadas al horóscopo (que no hacen sino darte la posibilidad de sentirte parte de algo más grande que tú, no gobernado enteramente por ti, y explicar cosas de ti que te gustaría comprender), nos detendremos no en lo que tenéis en común tus padres y tú, sino en tu cuestionamiento sobre *si* este vínculo, de hecho, existe. No se trata de encontrar más o menos similitudes, rasgos parecidos, actitudes compartidas o, por el contrario, de indicar con absoluta certeza que no los hay. La puerta que se debe abrir para examinar la cuestión es, en cambio, la de la comparación. La comparación que acude fácilmente a tu mente, que está ahí, lista para usarse cada vez que reflexionas sobre ti. En las situaciones más dispares, cuando hablas de ti con alguien y le cuentas quién eres, cuando analizas las diferencias entre tú y tus hermanos o hermanas (si los tienes), cuando repasas mentalmente lo que hiciste en una situación más o menos adversa, es posible que te compares con quienes te criaron. Y, por supuesto, no solo lo haces tú: es un comportamiento que también depende mucho de cómo estás acostumbrado a oír hablar a los demás de ti.

«Eres igual que tu padre, has salido igualito a él».

«¡No seas como tu madre, que se ofende todo el rato y no se le puede decir nada!».

«Tu abuela también era así, nunca le dio ninguna importancia al dinero, y mira cómo acabó».

«Madre mía, cuánta ingratitud, eres clavadito a su familia, ¡en absoluto como la mía!».

Sí...

Tu cerebro, como decíamos, hace muchas cosas, y usa los recursos de los que dispone de la mejor manera posible[*] y, aunque su funcionamiento es resultado de milenios de adaptaciones biológicas y evolutivas, la forma en que *te percibes* y en la que *te hace sentir* también depende de quién te crio y cómo lo hizo.

En pocas palabras, tu *yo*, simplificando, es a la vez resultado de la genética y del entorno extrafamiliar y, sobre todo, de cómo se desarrolló respondiendo a las dinámicas del primer

---

[*] No es cierto que solo utilicemos el diez por ciento de nuestro cerebro; eso es un mito. No es cierto que algunos de nosotros utilicemos un hemisferio más que el otro, y que de ello dependa qué tipo de creatividad nos distingue o qué tipo de inteligencia. No es cierto que lo que somos dependa del tamaño de uno de los dos hemisferios: el cerebro es un órgano eficiente y los dos hemisferios —aunque en realidad hagan cosas diferentes— a menudo comparten tareas, precisamente para ser más eficientes.

«círculo» de tus relaciones: el compuesto por tus figuras parentales. **Esas características que hacen de ti la persona que eres son matices de un bagaje que llevas contigo.**

¿Qué hay, pues, en tu *maleta?*

El hecho, por ejemplo, de que seas más sensible que los demás al oír ciertas frases o historias.

La cuestión de que seas una persona más propensa a cuidar de los demás que tus amigos y conocidos.

Este sentimiento de culpabilidad constante, culpabilidad que se acentúa cuando sientes que estás «sin hacer nada», mientras que los otros, en una situación similar, logran relajarse a la perfección. Tal vez porque piensas que, en cierto modo, estás perdiendo o malgastando el tiempo, sin cesar. Un tiempo que, te dices, podrías dedicar a otras cosas, a algo más «productivo».

Y, de nuevo, ¿cómo es que en algunas situaciones te cansas hasta el punto de quedarte sin energía y te paralizas, casi dejando de funcionar, mientras que en otras lloras de rabia, aun cuando a los demás no les sucede?

Por qué ciertas cosas te duelen, ciertas actitudes te irritan, ese tipo de emoción que sientes que solo tienes tú, o por qué no logras decir que no, explicar tu postura *de verdad,* haciendo que te parezca que, a fin de cuentas, o los demás se burlan siempre de ti o tú siempre te burlas de ellos.

En pocas palabras: *tú.* Nuestra tarea consiste en comprender si y cómo esta maraña de mecanismos ha influido en tu forma de sobrevivir. Y aunque hemos visto que eres una Caperucita Roja única, diferente de todos los demás, esa forma de responder a los lobos no es algo que hayas decidido por ti sola, ni tampoco es del todo casual.

Ahora, si respiras hondo y piensas en ti, has de saber que entre los recovecos de tus estrategias más antiguas, las que llevas aplicando de manera inconsciente desde hace más tiempo, se esconden raíces e hilos de marionetas que no te pertenecen.

O, mejor dicho, no *solo* a ti.

En tu maleta hay muchas cosas de alguna otra persona.
A menudo tu dolor inconsciente se debe al hecho de que no lograste *reunirte* de verdad con aquellos que te criaron y que deberían haberte amado por lo que eras y no por lo que hacías. Pero esto ahora ya lo sabes. Porque creíste demasiado pronto que, si no cuidas de los demás, no mereces amor, aprendiste que, si no eras del todo igual a tu madre y del todo diferente a tu padre, nunca serías una *buena* persona, nadie te *vería* nunca, los que te criaron nunca te *verían*.

En tus recuerdos, en tus pensamientos, a veces sigues siendo un niño. Un niño con miedo. Un niño que, para dejar de tener miedo, necesita que alguien lo *vea*. Pero nadie llega.

Y, por desgracia, esto no te gustará, pero cojámonos fuerte de la mano mientras te digo esto: **un niño que cree que no se lo ve es un niño en peligro de muerte.** Que se convierte en un adulto que no tiene la más mínima idea de cómo se hace para ser feliz. Y tampoco de **cómo se hace para amarse a uno mismo, en lugar de hacerse amar.**

Los que te trajeron al mundo y te pusieron aquí, crearon con cada una de sus acciones una serie de recuerdos para ti, ocultos o visibles, ligados a otras tantas experiencias, algunas absorbidas, otras traumáticas, otras emblemáticas, y te transmitieron, paso a paso, cada uno de sus mecanismos. Incluso los que nunca arreglaron, incluso los que son grietas en *sus* muros: grietas profundas, repintadas cientos de veces, quebradas, ennegrecidas, llenas de moho. Grietas que también se crearon en *tu* muro. Elecciones que te transmitieron, a través de años de comportamientos disfuncionales, transferidas como defensas rígidas, tan fuertes y numerosas que no dejan espacio para recibir amor sin sentirte culpable, dentro de tu corazón. Un corazón habitado por todos menos por ti.

A sus formas de cuidarte o de no cuidarte *tuviste que reaccionar.*

Sobreviviste, en primer lugar, a tus padres y al amor que te faltaba o que te parecía incomprensible.

No somos el fruto de nuestros padres, somos nuestra reacción a su forma de darnos amor desde que éramos niños.

Tú no eres tus padres, sino la solución que encontraste para hacer que te amaran.

Ahora, dado que este concepto necesita crear algo de poso, volvamos a abrir la maleta.

Déjala en el suelo y ábrela una vez más; coge y mira de nuevo las fotos que estaban ahí desde el principio, las de tu familia. Recuerda cómo era aquella época, recuerda *cómo* y dónde estabas. Y ahora despídete de ellas, despídete de ti, déjalas en el suelo. Coge de nuevo el cuaderno, coge el lápiz. Necesitas tiempo para esto: escribe lo primero que te venga a la mente cuando pienses en *amor*. El amor que quisieras, el amor que habrías querido, el amor que te falta, el amor que das pero que a veces sientes que no recibes.

¿Cómo te gustaría que fuera el amor para ti? Escríbelo.

El amor:

_____

_____

_____

Y luego respira hondo y deja que estos pensamientos permanezcan ahí un rato, en el papel y dentro de ti.

La manera en que querrías que el amor fuera.

Queremos que este pensamiento se haga espacio entre las grietas, entre los escombros, entre las manos de pintura seca, entre el polvo, entre los pensamientos de los otros.

Para él intentamos hacer sitio. Intentamos liberar tu corazón, y necesitaremos espacio. Porque el amor que mereces es mayor del que simplemente se pueda imaginar.

Es grande como todo. En realidad, es tan grande como cualquier cosa.

Te digo adiós ahora: descansa un poco. Necesitarás mucha energía para afrontar el próximo capítulo, en el que conoceremos mejor a los que están frente a los padres, a quienes son lo que tú has sido, algo que a veces sigues siendo: *un hijo*.

7

sobre los cachorros humanos

los niños son personas

Pero ¿quiénes son los niños? ¿Son seres humanos diferentes de nosotros? ¿Son *cachorros humanos?* ¿Son superiores? ¿Son inferiores? ¿Son capaces de entender lo que hacen, aunque no sepan manifestarlo? Empecemos por esto: **los niños son personas.** Personas como tú o yo, del mismo tipo. Así que te formularé la pregunta sin rodeos: ¿alguna vez me pegarías? ¿Me dirías, gritándome, que lo que digo no está bien porque *lo dices tú?* ¿Me mandarías a reflexionar a mi cuarto, sin dejarme comer? Sé lo que estás pensando: «Pero eso qué más da, Bea, depende del contexto…».

Bien, te daré el contexto.

Estás en casa, has tenido un día extraño, lleno de muchas emociones diferentes, la persona a la que amas está a punto de volver —no estás seguro de cuándo, pero no debería tardar mucho—, quieres contarle lo que te ha pasado y estás deseando oler su perfume; abrazarla, compartir con ella lo que te ha sucedido y ver cómo su cara cambia de expresión. Tu otra mitad llega a casa, pero no tiene buen aspecto. Mantiene la mirada gacha, se mueve deprisa, a trompicones, deja sus cosas con descuido, tira las llaves, mascula un «hola». Tú le respondes con un gran saludo y corres a su encuentro para abrazarla, le diriges una enorme sonrisa, piensas en lo mucho que la echaste de menos, estás muy contento de verla. Pero la otra persona no ansía tus abrazos, no advierte tu sonrisa, está cansada, frustrada, hambrienta, quizá.

Se suelta de tu abrazo y te pregunta, sin entusiasmo: «¿Cómo te ha ido hoy?». Te preocupas por un instante, tal vez lo sientes solo a nivel físico, como un malestar, pero la pregunta te devuelve el entusiasmo y empiezas a contárselo. Poco después, la otra persona se levanta y va a buscar algo a la cocina, mientras tú sigues hablando. Regresa con un vaso de agua y lo deja sobre la mesa. Refunfuña algo que parece un «cuéntame». Pero empiezas a inquietarte, no logras terminar tus frases, tus ideas, todo el rato te parece que hay algo más importante al otro lado. Un mensaje en el móvil, luego los vídeos de una red social, te das cuenta de que no tienes en absoluto la atención de la otra persona. Dentro de ti la ansiedad crece. También un extraño sentimiento de culpa que ni siquiera entiendes de dónde viene. Se lo dices, sin ocultar cierto fastidio: «¿Me estás escuchando?». Te tiembla un poco la voz, pero solo por nerviosismo. Y entonces sucede: la persona que está a tu lado en el sofá se levanta de un salto, te mira a la cara, casi por primera vez desde que entró por la puerta, y te dice: «Mira, no estoy aquí a tu servicio, ¿vale?». Su tono de voz es altivo, intentas responder, pero levanta una mano y dice: «No, no quiero oírte más. Has perdido tu oportunidad de hablar, así no se hacen las cosas. Ahora me voy, la próxima vez que quieras hablar conmigo te comportarás de otra manera, ¿entendido?». No sabes muy bien lo que sientes, pero el desconcierto y el abatimiento te suben por la garganta. Querrías levantarte y también quedarte donde estás; te gustaría llorar o tal vez gritar; no sabes cómo dominar tu cuerpo, que ahora es un manojo de nervios. Mueves una mano hacia arriba, con un aspaviento, solo para salir del atolladero, pero, sin querer, tiras por accidente el vaso de agua. La otra persona pierde por completo los estribos. Sube la voz, grita: «¿POR QUÉ ME HACES ESTO? ¿NO VES QUE ESTOY SIN FUERZAS? ¿NO PUEDES SER NORMAL POR UNA VEZ, AYUDARME, VENIR HACIA

MÍ? ¿CÓMO PUEDES NO ENTENDERLO? ¡LO HACES A PROPÓSITO!». Se mueve con violencia por la habitación y vuelve amenazante sobre ti, te señala con el dedo, está dolida, no hace más que culparte de todo, de cómo se siente, de lo que le pasa. Es inútil que intentes responder, que profeses tu no culpabilidad. No entiendes lo que ha pasado, cómo habéis llegado a ese punto, tienes un nudo en la garganta, estás sin aliento, la otra persona es un río desbordado. Se va, cierra la puerta del baño y se encierra dentro, y desde allí grita una vez más: «¡SI SIGUES ASÍ, NO SÉ CUÁNTO TIEMPO PODRÉ AGUANTARTE!».

Lo sé, feo. Muy feo. No saber lo que pasa, no entender lo que la otra persona está pensando y, no obstante, creer que de alguna manera es culpa tuya. Y me imagino que, si esto no te ocurriera a ti, sino que te lo contara un amigo o una amiga y te dijera que ese es su día a día, probablemente le dirías que la otra persona no debería comportarse así, que esa no es forma de tratar a otro ser humano, que no se levanta la voz, que uno no debe ponerse agresivo ni castigar con su silencio, etcétera.

¿No es así?

Eso es: pongamos que la persona con tantas cosas por contar, que espera el regreso de su gran amor, sea un hijo pequeño, un *niño,* y que la otra media naranja sea el padre.

Ahora que te he dado el contexto, ¿se ha vuelto tolerable tratarlo sin ningún respeto? ¿Solo porque hay cansancio o frustración? Nadie responde sí a esta pregunta de manera consciente, tienes razón. Pero sé que leer lo que he escrito te ha causado impresión: si te has dejado tratar así por un compañero sentimental, es porque en casa te enseñaron que las cosas que sentías, y que necesitabas decir, no eran importantes. **Solo los adultos, de hecho, eran importantes;** sus preocupaciones, no las tuyas. Pero tú, como hemos dicho, *no eres tus padres* y puedes aprender: **los niños son personas.** Como tú, como yo.

No son inferiores, menos importantes ni merecedores de menor respeto.

Son pequeños seres humanos confiados al cuidado de quienes los crían para que aprendan cómo funciona el mundo.

Su voz interior se convierte en la voz de quienes los guiaron: nunca se librarán de ella.

La forma en que se los respeta o se les falta al respeto se convierte en su brújula: la que les guía a la hora de entender si una relación es más o menos disfuncional, si pedir o pretender un beso está bien o mal, si una elección es para *su* felicidad o es *obligada*, prescindible, a alguien invisible, pero siempre presente.

Presente como ese adulto autoritario que vive en tu cabeza y siempre te dice que te estás equivocando.

Esa proyección, ese recuerdo revisitado miles de veces: ese león, ese lobo, esa abuela, esa puerta, esa experiencia, esa grieta y finalmente esa pintura: son el resultado de toda una serie de *detonantes*.

Pero ¿qué es un *detonante*?

8

sobre incendiarse

¿qué son los «detonantes»?

«Si un niño escuchara la primera vez que un padre le dice algo, el padre no necesitaría levantar la voz».

«Si un niño hiciera lo que se le dice que haga, el padre no tendría que enfadarse todo el tiempo».

Debemos recordar **siempre** que los niños están aprendiendo, que no tienen conocimientos previos a aquellos que viven con sus padres, y que **los padres son las primeras experiencias para un niño:** aprenden de ellos, aprenden con ellos, todo el tiempo.

Todos los días que están en la misma casa con ellos, las figuras parentales serán sus únicos modelos de referencia.

Si en un momento de rabia o frustración un progenitor estalla y muestra esa misma frustración de forma agresiva, gritando, tirando o lanzando objetos, quejándose del otro, lamentándose, intentando reprimir las emociones o pretendiendo que los otros a su alrededor lo hagan, ese será el modelo que seguirán los pequeños seres humanos que lo presencien. Esa será la manera en que pensarán, claramente, sin la menor duda: «Ah, vale, así es como se manejan estas "cosas"». Los niños asimilan que, dado que *sus* adultos manejan —o, más bien, *no* manejan— las emociones de esa forma, así es como se hace, no hay otra manera.

La mente funciona así, por atajos, ¿recuerdas?

Muchos de los comportamientos que vemos en los niños, al contrario de lo que afirman las dos frases que abren el capítulo, son simplemente comportamientos *fantoche,* mímica exacta de sus cuidadores. Pero ¿qué imitan exactamente los niños? Muchas cosas, incluida la **temperatura de las emociones.** Los niños no tienen la capacidad innata de autorregular sus emociones y tomar las consiguientes decisiones no instintivas. De hecho, para ser precisos, no la tendrán durante mucho mucho tiempo. Ten en cuenta lo siguiente: la corteza prefrontal[1] que, entre otras cosas, ayuda a autorregular las emociones «filtrando» las órdenes que le envía la amígdala,[2] inicia su maduración hacia los 4-6 años y la finaliza alrededor de los 25.[3] Esto significa que hasta los 24-25 años (aproximadamente) los seres humanos no tienen un control definitivo y exhaustivo sobre su autorregulación emocional.

Vaya, ¿de verdad?

Sin embargo, se espera que los niños comprendan tanto lo que sienten como lo que ocurre a su alrededor, y que se comporten en consecuencia, con calma y serenidad. Y no solo eso: también se espera que los niños entiendan de lleno incluso lo que sienten y desean los adultos —como si se tratara de un instinto innato, una intuición— y, de forma perfectamente centrada, actúen en respuesta a estas demandas.

Piénsalo bien: durante todo el tiempo que un niño vivirá con sus padres, no tendrá la más mínima idea de cómo gestionar internamente lo que le ocurre, salvo copiando lo que ve hacer a sus cuidadores.

Durante la infancia, la preadolescencia, la adolescencia y el inicio de la edad adulta, los niños **aprenderán** la capacidad de regular, comprender y gestionar las emociones principalmente de sus figuras parentales: las personas que les inspiran el modelo, la huella, el espejo, el manual.

Pero ¿qué *mueve* a un padre? ¿Cómo funciona, en este punto, lo que ocurre *en su interior* con respecto a los estímulos externos?

Empecemos diciendo que todos los padres poseen un conjunto de eso que habrás oído llamar *triggers*. *Trigger,* en inglés, significa literalmente 'gatillo', el de las pistolas, para entendernos. *Apretar el gatillo,* de hecho, se dice en inglés *pull the trigger.**

Pero ¿a qué nos referimos con esta palabra?

Nos referimos al *input* que llega del exterior y *desencadena* y activa la respuesta de la persona que lo recibe.

Yo lo llamo *detonante.* Me gusta más.

Además de que lo suscitan diferentes componentes que dan lugar a diferentes respuestas, tiene una sensibilidad: no se desencadena siempre de la misma manera o en el mismo momento o con la misma gravedad. Lo que nos interesa es identificar cuáles pueden ser *tus* detonantes. Los *tuyos,* ya sea porque los tienes y te resultan familiares, o porque los has experimentado en tu familia de origen. Por eso **es crucial identificar los detonantes,** porque los detonantes son los que provocan los estallidos, las reacciones más fuertes: esos comportamientos que hay que comprender, reconocer —en nosotros mismos y en los demás— como padres, como hijos y también como seres humanos.

Personas que no quieren seguir saliendo disparadas por el aire como marionetas que han pisado una mina sin ni siquiera saber que caminaban por un campo de batalla.

Imagínate a un artificiero que llega todo equipado y acorazado al lugar donde tiene que desactivar una bomba, se acerca, empieza a actuar, comienza a oír cada vez más fuerte el tictac del mecanismo y se pone a gritar: «¡¿POR QUÉ NO TE DETIENES?! ¡¿NO TE DAS CUENTA DE QUE DEJANDO DE HACER ESE RUIDO PODRÍA TRABAJAR TRANQUILO Y SALVARLES LA VIDA A TODOS?!». No te parece factible, ¿no? A mí tampoco.

---

* *Pull* significa en realidad 'tirar'; así pues, la traducción literal sería 'tirar el gatillo', lo cual, si lo piensas, tiene sentido, ya que lo tiras hacia ti, no lo alejas de ti, pero eso son sutilezas.

Un padre sobrecargado de emociones no puede desactivar a un niño sobrecargado de emociones. Escribe esta frase en un papel y pégala en la nevera (también en casa de tus padres, si es necesario).

Por tanto, es necesario aprender a *desactivar* a la persona que está a punto de explotar.

Hablemos ahora de ti: en un momento de frustración, la emoción superficial que puedes sentir es la rabia. Si te ocurre, has de saber que la rabia es solo un pretexto, **la rabia es gasolina:** debajo de ella, en el fuego, encontramos muchas otras emociones.

¿Por qué? Porque la **rabia es una emoción lista para usar.**

En primer lugar, es muy importante distinguir entre rabia y agresividad, que a menudo se usan como sinónimos y no lo son en absoluto. La primera, de hecho, es una *emoción*. La segunda es un *comportamiento.*

La rabia es una de las emociones fundamentales del ser humano y tiene una función evolutiva importante. Se manifiesta, de hecho, en reacción a una situación percibida como injusta, frustrante o amenazadora. Puede desencadenarse por acontecimientos externos (como un insulto o una violación de tus derechos) o internos (como pensamientos o recuerdos).

La rabia es una reacción emocional intensa que implica una respuesta fisiológica del organismo, como el aumento de la frecuencia cardiaca, la presión sanguínea y los niveles de adrenalina y noradrenalina.[4] Es una emoción que prepara al individuo para enfrentarse a una amenaza o un peligro.

La rabia puede expresarse de muchas formas diferentes: puede llevar a la agresividad, pero también puede reprimirse o expresarse de forma constructiva. Depende de cómo gestione el individuo esta emoción. Puede convertirse en rabia crónica o ira[5] si no se gestiona de manera adecuada.

La agresividad, en cambio, es un comportamiento. Es la acción o la forma en que una persona expresa su rabia o frustración. La agresividad puede ser física —como golpear o herir a alguien— o verbal —como gritar o insultar a una persona.

No todas las personas que sienten rabia se vuelven agresivas. Algunas pueden expresar su rabia de forma asertiva, que es una manera de exteriorizar sus sentimientos y necesidades sin violar los derechos de los demás. Otras personas pueden reprimir su rabia y otras quizá la expresen a través del humor, el arte u otras actividades que la subliman.

Recordémoslo: **la rabia es una *emoción*, mientras que la agresividad es un *comportamiento*.** La rabia puede llevar a la agresividad, pero no siempre es así. Y la agresividad no es la única forma en que la rabia puede expresarse.

A menudo, confundiendo estos dos conceptos, se tiende a creer que la rabia no necesita estar motivada ni justificada, porque todo el mundo la siente tarde o temprano, y todo el mundo se cree con derecho a experimentarla. Por ejemplo, en italiano se dice *la rabbia capita* ('la rabia ocurre').

¿Sabes cuando la gente dice esa tontería de «las mujeres son mucho más emocionales que los hombres»? En ese caso, mi respuesta favorita es esta: «Claro. ¡Siempre y cuando no consideremos la rabia una emoción!».

La rabia es una de esas emociones que, a diferencia de las demás, a todos nos parece lícito sentir, pero no porque sea una emoción con la que nos hayamos reconciliado, sino porque creemos que es exclusivamente consecuencia *del otro*. De los comportamientos del otro; de los comportamientos equivocados del otro que activan un sistema automático. En resumen, para abreviar: parece que los que se enfadan no pueden hacer otra cosa sino enfadarse.

Como todas las emociones, está muy bien sentir rabia, pero hay que observarla con atención.

En efecto, al ser una emoción *lista para usar, usamos* la rabia también cuando no nos apetece mostrar algo más: tristeza, dolor, vergüenza, miedo, incluso desilusión. Esas emociones profundas, escondidas ahí, debajo de la ira.

Cuando algo detona en tu interior, tienes que ir y examinar los cables de la bomba a la que están conectados. Debajo de la rabia, ¿qué hay?

Cuando sientes que te embarga una emoción, tómate un minuto para comprender qué estás sintiendo.

No para reprimirla, no para cuestionarla, no para juzgarla, no para decirte que eres un horror de padre o de hijo, o que todo el mundo está en tu contra o que tienes toda la culpa o no. No, nada de eso: como siempre, te pido que observes, que entiendas *dónde estás* además de *cómo estás*. Tómate un minuto para comprender qué diantre sientes.

Es importante que te entrenes para tomarte un minuto a fin de comprender lo que sientes, porque **la forma en que reaccionas a lo que sientes no basta para saber lo que sientes.**

Todos los comportamientos comunican una emoción, y todas las emociones comunican una necesidad (esta frase también sirve para pegarla en la nevera).

Así que cuando, por ejemplo, levantas la voz o te alteras o lloras o caminas en círculos, la rabia está ahí, existe, pero *debajo* de ella, ¿qué hay? Escríbelo.

Debajo de mi rabia siento:

———————————————————————————

———————————————————————————

———————————————————————————

Muy bien.

Hazlo una y otra vez; en el próximo capítulo tenemos que analizar precisamente las emociones. Todas las que subyacen a todos los posibles *detonantes*.

9

sobre los hijos

la fuente

Nos hemos esforzado en analizar hasta qué punto la responsabilidad de tus acciones es solo tuya. Hasta qué punto no tienes que cuidar a los otros para que te quieran, hasta qué punto no tienes que cuidar a tus padres, por ejemplo. En otro de mis libros,* hablé de cómo ni siquiera necesitas perdonar sus errores para poder seguir adelante.

Aquí quiero dar contigo un paso más allá para revelarte una verdad compleja, pero aún más eficaz: **ni siquiera tienes que entender a tus padres.** Puedes hacerlo, por supuesto, que no se me malinterprete, nadie te impide intentarlo. La racionalización,[1] de hecho, es una forma de defensa útil y potente, que te ayuda a hacer las paces —al menos superficialmente— con mucho de lo que te pasa, pero has de saber que no es obligatorio comprender a *tus* padres para seguir avanzando. Lo que es muy importante, en cambio, es que entiendas cómo funcionan *los padres* en general. Cómo funciona un ser humano que debe cuidar de otro necesaria y obligatoriamente, pues, de lo contrario, ese pequeño individuo, que sin atenciones no tendría ninguna posibilidad de sobrevivir, moriría. Ellos han sido padres, tú eres como mínimo un progenitor en potencia. Por eso es importante que conozcas las dinámicas en que se basa el funcionamiento parental, empezando por esta idea: **los niños**

* *Non voglio più piacere a tutti*, Vallardi, Milán, 2021.

son la única excepción dentro del marco de nuestra responsabilidad. Se es responsable de ellos, casi al cien por cien, al menos durante la primera parte de sus vidas.

De las personas en que se convertirán, de lo que sabrán afrontar o no, de las herramientas en su posesión, de las que habremos olvidado darles, del modelo de referencia que habremos labrado y de aquello en lo que habremos fracasado. Todas estas son responsabilidades de los *padres:* todas estas son nuestras responsabilidades, si somos padres.

Lo sé, es un mazazo.

Es la otra cara de la moneda que dice que no es culpa tuya ser como eres. Exactamente del mismo modo: tanto si eres padre o madre como si quieres serlo, o si alguna vez lo serás, de ti depende cómo construirán tus hijos su muro y cuántas grietas lo surcarán. Pero analicemos más a fondo esta verdad, para que tengas un cuadro nítido sobre el que razonar.

El desarrollo humano se ve influido, sin duda, por una compleja interacción de factores: genéticos, ambientales y sociales. Sin embargo, como leerás dentro de poco, los padres pueden ejercer un influjo considerable en el desarrollo de un niño.

1. **Genética:** los padres aportan a sus hijos su patrimonio genético. Esto influye en una serie de características como la personalidad, la inteligencia y la predisposición a determinadas enfermedades.

2. **Aprendizaje precoz:** los padres son los primeros enseñantes del niño. Las experiencias de aprendizaje precoz, como la lectura, el juego y las conversaciones cotidianas, tienen un impacto significativo sobre el desarrollo del cerebro y sobre la capacidad del niño para aprender en el futuro.

3. **Ambiente familiar:** el ambiente en el que crece un niño posee un impacto profundo en su desarrollo. Incluye el grado de estabilidad emocional en el que se encuentra,

el acceso a los recursos educativos, la exposición al estrés y a posibles traumas y, por supuesto, la presencia o ausencia de apoyo emocional y social.

4. **Modelos de roles:** los padres son los primeros modelos de roles para un niño. Sus acciones, sus comportamientos y sus actitudes influyen profundamente en la forma en que un niño interactuará con el mundo y con los demás.

5. **Salud y bienestar:** los padres son responsables de la salud física de sus hijos, que a su vez influye en su desarrollo global. La nutrición, el ejercicio físico, el sueño, el acceso a los cuidados médicos, etcétera, son elecciones y compromisos cotidianos que las figuras parentales imponen y a la vez ofrecen a sus hijos.

6. **Valores y creencias:** Los padres transmiten a sus hijos sus valores, sus creencias y *sus propias expectativas,* que influirán en sus elecciones y comportamientos a lo largo de su vida.

Los otros factores extraparentales que afectan son, sin duda, los amigos, la escuela, la comunidad y los acontecimientos de la vida, que intervienen, aunque en un segundo momento, y aun así pasan a través del filtro de la seguridad y las herramientas que el niño ha adquirido por medio de las figuras parentales.

¿Estamos condenados *a un destino?*

No. Cada individuo tiene su autonomía y capacidad de autodeterminación. Puede permitirse superar circunstancias adversas e intentar elegir recorridos vitales distintos de los que podrían haberse *predicho* en función de su educación o ambiente familiar. Y, si estás aquí, estoy segura de que es precisamente para enfilar un camino solo tuyo, una vez que salgamos del laberinto. Seguro que deseas tomar decisiones que sean *realmente* mejores de las que tus modelos de comportamiento —a veces— disfuncionales pueden indicarte como únicas. **Si estás aquí, es porque quieres convertirte en un hijo libre,** un padre diferente, aunque solo sea para ti mismo y para liberar al niño que fuiste.

Respira hondo, que ahora viene lo difícil. Lo sé. Es normal tener miedo, sentir rabia o tristeza, incluso vergüenza. Es normal sentirse en apuros, creer que no se puede reparar ni lo que se ha hecho ni lo que podría pasar. Es normal que te sientas así. De hecho, está bien. El cuidado, como todas las cosas más preciadas, contrariamente a lo que se dice en frases que se viralizan en las redes sociales, no es algo fácil, ni claro ni cómodo. **El cuidado es sencillo, no fácil.** Ten paciencia, te lo pido una vez más, saca de la maleta un poco de paciencia para los momentos difíciles, que aún están por llegar. No obstante, primero veamos adónde hemos llegado. Ya es hora.

Te encuentras frente a otro arco, más grande que los demás, lo cruzas y por fin lo ves: el centro del laberinto. Es la hora del ocaso, la luz disminuye, tu mirada se posa frente a ti: hay un jardín y, en el centro, una fuente grande, de piedra.

Su centro es un punto elevado donde el agua se vierte con suavidad. Esculpido en la piedra, se ve el perfil de una casa. No una casa cualquiera, sino tu casa, la casa de tu infancia. Reconoces una ventana. Detrás de ella, está esculpida una figura anciana, la reconoces.

A un lado de la fuente, tus amigos de antaño. Ríen, juegan, corren en la piedra igual que lo hicieron en tu vida. Observas con atención, y decenas de otras imágenes esculpidas te resultan familiares, te cuentan, día tras día, año tras año, lo que fue.

Allí, en la parte más elevada de la fuente, te ves a ti. Allí estás. No como te ves reflejado en el espejo, sino como te sientes, como te gustaría sentirte siempre: vulnerable, pero ya sin miedo. Tu figura esculpida mira el agua que fluye, el pasado que fluye ante tus ojos. Y no están vueltos hacia atrás, sino fijos en el horizonte, más allá de los setos del laberinto, en el futuro, mientras el sol, delicado, desaparece despacio. Sientes que tu mano sigue aga-

rrando el asa de la maleta, que se ha vuelto más ligera. Piensas en dejarla allí.

Te sientas en un banco a mirar un poco más lo que tienes delante: en medio de este jardín, bajo el cielo teñido de naranja y rosa, sabes que esa fuente no es piedra y agua, sino vida. La tuya.

El padre perfecto existe; es el que intenta cuidar, sin esperar amor a cambio.

Y esa oportunidad no pasa: no es un tren en el que si no te subes perdiste tu oportunidad.

Es un devenir. Es *el* devenir. El tuyo, el tuyo como hijo, el tuyo como padre, actual o potencial. No tengas miedo de no estar a la altura, no tengas miedo de estar demasiado comprometido con otras cosas como para lograrlo. Tienes todo el tiempo y el camino por recorrer para hacerlo lo mejor posible un día tras otro, un paso tras otro. Estás aquí, ya lo estás haciendo. Te lo prometo.

Ahora te levantas, echas un último vistazo a tu figura por encima de la fuente: la tendrás en mente, así es como quieres ser. Sabes que aún nos queda un largo camino por recorrer, así que atraviesas un sendero y eliges adónde ir.

Hemos visto qué son los detonantes, y ahora es el momento de entender cuáles son y cómo actúan. Vamos allá.

10

sobre el agua derramada en el suelo

¿cuáles son los «detonantes»?

Pero ¿cuáles son los detonantes, que hacen que *se dispare* algo dentro del progenitor?

El progenitor que cree que está enfadado con su hijo; el progenitor que piensa que los hijos tienen el deber de gestionar su estado de ánimo con palabras y gestos.

El progenitor inconsciente de hasta qué punto, igual que cualquier otro adulto, lo que siente depende única y exclusivamente de él.

El progenitor que aprendió a actuar y a reaccionar, llevando consigo esas grietas que nunca llegó a *ver.*

Ese progenitor inconsciente podría haber sido el tuyo.

Ese progenitor inconsciente podrías ser tú.

Ese progenitor inconsciente puedes ser ya tú, aunque no tengas hijos.

Esto se debe a que los detonantes que vamos a ver estallan con mayor fuerza cuando se trata de los propios hijos, pero también tocan cuerdas que ya están muy tensas en las relaciones con todos los demás y, si aprendes a reconocerlos mientras se producen dentro de ti, todas las puertas que han permanecido cerradas se abrirán de par en par ante tus ojos. Las que abren la posibilidad de relaciones satisfactorias y conocimiento, llenas de ese amor que tanto buscas.

¿Empezamos?

En este capítulo he imaginado que te hablaba de nuevo como a un hijo, por lo que habrías podido vivir. Pero si ya eres padre o madre, no te costará *oír* lo que lees y *verlo* mientras ocurre en tu vida cotidiana. Te resultará fácil tanto identificarte con el niño que fuiste —que experimentó esos mismos paradigmas— como reconocer la responsabilidad de lo que te sucede hoy, cuando una palabra equivocada, una atención fallida o un juicio demasiado apresurado te ponen en jaque y te hacen vacilar. Es importante que, poco a poco, desarrolles la percepción de lo que ocurre a tu alrededor y dentro de ti; es importante que aprendas a conectar estos dos mundos.

Recuerda: tu punto de vista en las próximas páginas es fundamental. No leerás estos capítulos para *perdonar* a *tus* padres o justificarlos. No es tu deber y no es necesario. Leerás estos capítulos porque quieres comprender a los *padres* y comprenderte a *ti*.

Comencemos.

1. Escúchame, maldita sea (Nunca te permitieron desobedecer realmente a tus padres)

Si de niño desobedecer a tus padres no era una opción viable para llegar vivo a la noche y si, además, su exigencia era que aceptaras pasivamente lo que te imponían sin rebatirlo de ningún modo o sin que te dieran explicaciones, lo más probable es que el escenario fuera el siguiente.

Cuando no obedecías o no respondías rápidamente a sus llamadas y a sus reprimendas o no acatabas de inmediato lo que te decían, sentían que se activaba el *denotador,* el cable expuesto de la bomba que toca cada sentimiento desagradable, que de repente parece no tener más espacio para expandirse dentro de la persona y quiere explotar.

Ese comportamiento de desobediencia por parte de un hijo *les encendía,* no había mucho que hacer.

Ese estado crítico, sin embargo, siempre ha sido, es y será *suyo,* no tuyo, al igual que, en una situación similar que te implique a ti como progenitor, nunca será de tus hijos ni de tu pareja.

Los puntos de detonación son un problema de quien los posee, dependen de esa persona en exclusiva, son su responsabilidad y, por encima de todo, esa persona es *la única* sobre la faz de la tierra que puede y debe gestionarlos. Sin excusas, sin excepciones.

Si de niño, por ejemplo, dijiste algo como: «No, no quiero», o «fingiste» no oír, o desobedeciste, emocionalmente eso hizo retroceder de inmediato al progenitor que tenías frente a ti al momento y etapa exactos de su vida en los que le hicieron sentir, a su vez, humillación, vergüenza, un sentimiento de que con él se cometía una injusticia.

El momento en el que, en pocas palabras, lo hicieron sentirse más impotente (los niños *son* impotentes, corresponde a un padre no *hacerlos sentir* así).

Como si no tuviera voz, o su voz no contase para nada.

Y todo ese dolor y ese resentimiento irresueltos están vivos en el momento de la detonación y vuelven a emerger como el chorro de un géiser. Solo que, al no tener delante a quien lo hizo sentirse así, dirige el chorro hacia ti con toda su violencia, o hacia el primer hijo que se le ponga al alcance.

Con los añicos de dolores pasados se han construido relaciones enteras y, por desgracia, también se han infligido miles de heridas.

2. Si lloras te daré una buena razón para hacerlo (Nunca te permitieron realmente dejar fluir tus emociones)

El segundo desencadenante es el llanto; el espejo de una emoción. Si durante la infancia no se te permitió expresar emociones relacionadas con el ámbito del dolor, la rabia, el malestar en la familia, porque las ignoraban, reprochaban y reprendían con frases como «No, no te comportes así, en esta familia no actuamos así. No se llora», «Los niños no lloran, los hombres no lloran», «Tienes que ser un hombre fuerte»,

«Los hombres no mostramos las emociones» (sobre todo para los hombres, esta circunstancia es aterradoramente frecuente), cada vez que veas y sientas una emoción por parte de un niño, te será muy desagradable e incluso te resultará *insoportable* de oír. Y he aquí el detonante.

Y sí, les ocurrió a tus padres antes que a ti: por eso reincidieron en el error al educarte.

3. ¿Tienes idea de lo que hago por ti? (Creer que los niños son ingratos o desagradecidos)

El tercer factor desencadenante más común es tener que ajustar las cuentas con algunas palabras que a veces se dedica a los niños. No con su significado real, sino con el hecho de decírselas.

«Te odio» es un ejemplo que me parece suficiente. Porque como progenitores, los tuyos, creían que no podían o no debían gestionarlo, que no les correspondía, que no se lo merecían.

Los pensamientos que, como un huracán, se agolpaban en aquel momento en sus mentes, en aquellas circunstancias, podríamos más o menos contarlos así: «¿Tienes la más mínima idea de los sacrificios que hago y hacemos por ti? Sin mí no podríais comer, no tendríais techo ni ropa. ¿Tienes idea de a lo que renunciamos por ti? ¿Para traerte al mundo? ¿Para criarte sano y darte todo lo que tienes?».

¿Te suena familiar?

Los niños no piden venir al mundo, por lo que los progenitores no deben pensar que son acreedores suyos.

Como mucho, es al revés.

Es absolutamente cierto que un padre merece todo el respeto del mundo, pero como *ser humano,* no en tanto que desempeña un papel estereotipado. Un ser humano que se desvive por el bienestar de otro.

Y precisamente por eso el respeto no pasa por el sentimiento de culpa, no pasa por el dolor, no pasa por la acusación.

El progenitor, en este caso, querría reconocimiento por una elección que hizo: la de haberte traído al mundo, y lo hace de una forma del todo inconsciente.

Eligió cuidarte, amarte y nutrirte.*

Fue su decisión, y la tomó porque sentía, de un modo u otro, que era lo correcto.

Se puede enseñar a los hijos a ser personas civilizadas y amables sin hacerles pasar por contraer algún tipo de *deuda de nacimiento* o *deuda de cuidado*.

Basta con albergar en el corazón motivaciones genuinas —que no necesitan reembolso— como el respeto, el amor y el deseo de ver crecer a un hijo como una persona de valía.

Y también porque proceder de otra manera es del todo contraproducente, y te lo demostraré en las próximas líneas.

Cuando alguien te pide un favor, o te pide algo que cree que le debes, y lo hace sin rodeos ni preámbulos, puedes corresponderle o no, si tenéis una relación transparente. Pero ¿qué ocurre cuando alguien te pide un favor —o da algo por debido— sin declararlo abiertamente, sino con subterfugios? Yo diría que, como mínimo, te genera confusión. Luego malestar en tu interior, ¿no? ¿Por qué no te dice las cosas tal como son y ya está? ¿Qué quiere de ti? Eso es. Cuando se le dice a un hijo que «no se da cuenta de lo que hacen por él», también el padre pide algo: *cree* que está pidiendo respeto (y de forma superficial seguramente es cierto), pero a otro nivel, por debajo de ese respeto, pide *reconocimiento*.

Reconocimiento por sus esfuerzos, por sus fatigas, por las noches en vela, por el miedo, por las renuncias. A veces, el reconocimiento que pide al hijo al que se dirige en realidad lo querría de una pareja, o del «mundo»: que le confirmen lo duro, difícil y doloroso que es todo lo que hace. Quizá ni siquiera solo por lo que ha hecho con respecto al hijo al que se dirige, sino también para permanecer de pie en la relación con su pareja o como padre o madre solteros.

* Eso espero…

Incluso antes de las disculpas porque le hayan dicho «te odio», al padre le gustaría ser reconocido como un buen padre.

¿Sabes por qué? Porque si todo lo que pasó y dio ni siquiera hizo de él un buen padre, aquello no solo fue doloroso, sino también inútil.

Tal vez te pidiese la confirmación de que era una persona capaz. Y estoy segura de que, con mucho esfuerzo, tú intentaste dársela. Pero si sucedió, recuerda: no corresponde a un hijo tratar de hacer sentirse especial a su familia.

Los hijos no son el espejo de un progenitor; *él* es el suyo.

Por tanto, ¿qué pasaba dentro de ti cuando le dirigías palabras fuera de tono? ¿Qué estabas diciendo, en realidad?

Has de saber que disponías de muy pocas palabras. ¿Cuántas? ¿Dos mil? ¿Mil?

Alrededor de los dos años, un niño conoce por término medio ciento cincuenta palabras.* Solo esas.

Los matices de su manera de sentir carecen de medios para expresarse. No sabe cómo decir lo que siente. Hasta que sus figuras parentales no le enseñen a reconocer lo que siente y a dar a esas tormentas interiores un nombre, no tendrá forma de distinguir una emoción de otra. Todas son muy intensas y muy poco gobernables.

Con ese «te odio» está expresando en realidad una dosis enorme de rabia. Una rabia totalmente incontrolable, un fuego que empieza a quemarlo por dentro y que debe dejar salir antes de que lo devoren las llamas.

«Te odio» significa «esta rabia no me deja respirar, ayuda, libérame...».

Un padre ha tenido toda una vida para aprender a lidiar con los conflictos, e incluso es posible que no siempre lo consiga. Un hijo todavía no.

---

* De 75 a 225 palabras, el desarrollo del lenguaje en el niño debe considerarse regular. El desarrollo en riesgo se produce cuando a la misma edad el niño utiliza 50 palabras o menos.

Por una parte, está el hijo, tú, un charco de gasolina del tamaño de un lago; por otro, está el padre, con el gatillo de su frustración entre los dedos, que no recuerda de modo atento, sino solo emotivo, cómo lo trataban cuando era él quien hablaba con rencor. Sostiene el arma de su disgusto por no sentirse reconocido y apreciado, por considerarse agraviado, humillado, incomprendido. Preocupado de que sus esfuerzos no sirvieran de nada. *Dispara.* Dispara, metafóricamente, contra ti.

Y al responder con fuego en un momento en el que estaba lleno de rabia y dolor, solo podía hacer daño.

A veces, sin embargo, no *dispara.* Pero, hijo a su vez de una crianza autoritaria, quiere corregir de inmediato el comportamiento del hijo (tú) apartándolo, para «hacerle ver las consecuencias de su comportamiento» y lo manda a su habitación o a cualquier otro lugar para que recapacite.

En cualquier caso, estarás de acuerdo conmigo: aunque no veas un fuego arder, eso no significa que deje de quemar.

Si te enviaron a tu habitación con una frase parecida a «No te atrevas a dirigirte así a mí. Vete y quédate a solas», lo que entendiste desde entonces es que los incendios que viven dentro de ti te pueden devorar o debes apagarlos por ti mismo.

En ese momento te abandonaron, creyendo que te lo merecías.

En ese momento el niño tiene una necesidad *extrema.* Necesita que alguien procese esas emociones que él no tiene ni idea de cómo funcionan, de cómo *se usan.* Cómo manejarlas, qué quieren. Necesita ayuda para aprender a decir: «En este momento estoy enfadado».

Si este es el caso, ahora sabes por qué tuviste dificultades antes para encontrar qué yace, cobijado, debajo de tu rabia.

Como sabes, no quiero que estas palabras mías sean solo un dedo que apunte contra las acciones de quienes te criaron: estamos aquí para comprender. Y para comprender a veces también es necesario *ver* una alternativa transitable.

Por ello, te mostraré algunas indicaciones útiles para entender qué hacer como figura parental. No todos somos padres, muchos solo somos hijos, y ciertas partes parecería que no nos conciernen, pero como en la dialéctica hegeliana del siervo y el amo, tú eres hijo solo si hay un padre, y ser capaz de interpretar —aunque solo sea simbólicamente— las dos partes puede resultarte de ayuda.

¿Cómo puede actuar el padre que ha comprendido sus detonantes?

Empezando por respirar muy hondo, quizá alejándote, si es posible (solo si al hacerlo el niño no corre ningún peligro, por supuesto): «Espérame aquí, por favor, sé que estás en un momento difícil y yo también, dame un momento, vuelvo enseguida». Sesenta segundos, e incluso solo treinta, también manteniéndote aparte, en un rincón hacia el cual dirigir la mirada, y respirando profundamente.

Estar ahí para ser un progenitor mejor que aquellos que lo humillaron, ignoraron, lo hicieron avergonzarse y lo convirtieron en una bala cargada de rabia.

Volviendo atrás, una vez recuperado el control, di: «Así, como te decía, sé que te sientes muy enfadado conmigo, y está bien. Está bien que tengas ese sentimiento, es el sentimiento de rabia. Lo que quiero hacer ahora es ayudarte a resolver la cuestión, sé que podemos solucionarlo juntos. Ahora, ayúdame a entender lo que prefieres: ¿necesitas algo de tiempo para calmarte solo? ¿O necesitas que esté contigo?». Y aceptar la respuesta.

Esta pregunta, esta frase, también puede decirse a un niño de dos años. Si quiere estar solo, lo dejará claro. Si quiere estar inmediatamente cerca de su progenitor, lo dejará claro; extendiendo los brazos o pidiéndole que se quede.

Mantener la calma y no pensar en abordar de inmediato el problema; en esos momentos es esencial reducir el propio nivel de ansiedad, antes que el del hijo.

Con el dominio de sí y un niño mejor regulado, ahora, por fin, el problema que debe resolverse es solo el del pequeño ser humano, y ya no también el del padre. Ahora se puede investigar, comprender y corregir.

Y cuando un progenitor se da cuenta de que no es él quien tiene un problema, sino su hijo, alcanza el distanciamiento necesario y la lucidez para intervenir como tal.

4. Yo lo *mato* (Sentirse, físicamente, herido por los hijos)

Si un niño golpea, patea, da una bofetada o empuja —no importa si llega a hacer mucho daño—, si causa, en efecto, un dolor de cualquier tipo, por grande o pequeño que sea, es perfectamente natural sentirse atacado. ¿Y cómo se reacciona ante un ataque? Huyendo, defendiéndose o atacando a su vez.* Son reacciones del todo humanas y comprensibles, pero, en nuestro caso, una vez más, contraproducentes por completo. En cualquier otra situación de peligro, el cerebro nos predispondría para reaccionar con rapidez. En este caso, no obstante, la respuesta se produciría sin motivo y crearía un daño. ¿Por qué?

Porque un hijo, en realidad, no *ataca*. Veámoslo.

Debemos recordar que, incluso cuando parece que un niño intenta causar dolor a propósito, en realidad está reaccionando con un comportamiento que comunica un sentimiento, una emoción que no sabe cómo manejar y, *bajo* esta emoción, se esconde una necesidad insatisfecha.

COMPORTAMIENTO → Lo que se ve.
EMOCIÓN → Lo que suscita el comportamiento.
NECESIDAD → Lo que suscita la emoción.

Los hijos no son el progenitor, no tienen sus mismas destrezas, no desafían, no quieren hacer daño,[1] no han desarrollado todas las habilidades cognitivas ni su capacidad para manejar las emociones.

* De lo contrario no se llamaría *lucha o huye*.

95

Este conocimiento, como siempre, es el nudo fundamental que marca la diferencia entre el tipo de crianza autoritaria y el tipo de crianza que sirve para criar a personas capaces de experimentar felicidad y de comportarse éticamente y con valores dentro de una sociedad.

El progenitor es la brújula: de él se aprende, suyo es el rumbo que se debe seguir, con él pueden llegar a tierra. Es al progenitor a quien miran si buscan comida, agua, la posibilidad de dormir, de taparse si tienen frío, de destaparse si tienen calor, de divertirse, de comprenderse, de sentir menos ardor si tienen fiebre, es a él a quien acuden si tienen miedo, si sienten dolor físico o mental: si se dirigen a él, es porque tienen una urgencia y, para ellos, que carecen aún de la dimensión del tiempo, todo es una urgencia.

¿Recuerdas esas partes dentro de ti alejadas de la realidad? ¿Donde todo es *infinito,* donde todo es *ahora?*

Por eso decimos que esas dinámicas son las más antiguas, las más arraigadas, atávicas: no están sujetas a las reglas del raciocinio, tienen que ver con los impulsos, el instinto, la urgencia. Pues bien, los niños, que son la versión más antigua de ti en esta Tierra, solo tienen esas.

Cuanto más amenazados se sientan, menos tiempo creerán que tienen para gestionar una emoción, menos sabrán cómo manejarla y más rápido sentirán que emerge. **Cuanta más necesidad se tiene de algo, menos tiempo se logra esperar para manifestarla.** Es cierto con respecto a los dos años, es cierto con respecto a todos nosotros. Porque la realidad es que **son los padres los que se sienten atacados.** Solo que el ataque lo sufren desde dentro. Y si levantan la mano contra ti, es porque de las tres reacciones posibles no han escogido ni huir ni petrificarse (defenderse), sino atacar a su vez (en realidad a ellos mismos, pero a través de ti, que eres a todos los efectos una prolongación suya).

«La violencia no es una respuesta» es la frase más sagrada de la Tierra. Solo que los niños aún no lo saben. Y, para aprenderlo, deben tener acceso al intelecto y al raciocinio, no a los instintos. Por tanto, carece de sentido intentar corregir un comportamiento violento con un «no» y con la rabia, porque lo único que se hace es **negar la necesidad que implica ese gesto, no el gesto en sí.** Un niño no tiene la capacidad mental, en ese momento, para comprender que el problema es la bofetada o el empujón, porque no existe un instinto que diga que la violencia no es una opción; al contrario, el instinto dice que cualquier medio está bien para defenderte, porque el motor esencial es siempre la supervivencia, en su estado menos elaborado, más primitivo. Comprender que debemos tener ciertos modales, y respeto por lo que tenemos a nuestro alrededor, es un mecanismo evolucionado que se relaciona con la parte del cerebro que aún se está desarrollando.

Por esto, como es obvio, debe explicarse que la violencia no es una opción, solo que debe explicarse *después,* cuando el niño esté tranquilo y tenga la oportunidad de entender lo que se le dice. Y, desde luego, el padre que lo explica debe estar cien por cien tranquilo.

5. ¿Por qué no eres tan bueno como tu hermano? (La rivalidad entre hermanos y hermanas)

Si un progenitor tuyo no es hijo único, seguramente habrá experimentado, mientras jugaba con sus hermanos, que alguno se hiciera daño. Y, muy probablemente, sus padres (tus abuelos) habrán tenido el impulso de intervenir a toda prisa para castigarlos a todos o, al azar, al que decidieron que había causado «el problema».

Es probable que ese joven ser humano castigado, una vez que haya crecido y se haya convertido en padre o madre, en una situación similar —es decir, tal vez en presencia tuya y de tus hermanos o hermanas— haya repetido un comportamiento parecido: al oír que se dispara el detonante, nota que debe *hacer algo* y corre a ponerse a cubierto de inmediato.

Debió de *sentir* que había que parar de inmediato una situación de pelea o un desacuerdo violento entre tú y tus hermanos, quizá haciéndote probar a ti o a ellos un poco de la misma *medicina* que antes se utilizaba para «instruir»: los golpes.

¿Qué hace ese progenitor? Causar dolor a un hijo para enseñarle que no se debe causar dolor.

No tiene ningún sentido causar dolor cuando uno está enfadado; con un extraño no sería lícito.

Si tu jefe te grita, golpea la mesa con el puño, incluso si se te pasa por la cabeza propinarle un puñetazo, lo más probable es que te detengas. ¿Por qué? Porque además de evitarte una denuncia, no tendría sentido usar la violencia para enseñar que la violencia no es una opción viable. Que no es apropiada, que no es el comportamiento que esperas que se dé en vuestra interacción.

Además, causar dolor a un hijo para manejar un momento de estrés o detener una discusión solo le enseñaría, una vez ya adulto, a optar por levantar la voz y dar golpes para interrumpir una discusión cuando se encontrara en una.

Una vez más, volvemos al mismo paradigma: *cada comportamiento es una comunicación.*

Cada comportamiento de un progenitor crea una página en la que el hijo escribirá cómo ser adulto.

Y cada comportamiento de un hijo *es* el hijo.

«Cada comportamiento de un niño es ese niño».

«Cada comportamiento mío como hijo era yo, en ese momento», dilo en voz alta.

Intentabas decir que te estaba ocurriendo algo profundo, sin saber qué podías hacer para entenderlo. No sabías cómo manejar la situación y pediste ayuda.

«Intentaba decir que me estaba ocurriendo algo más profundo, algo que no sabía, que no entendía. No sabía cómo afrontarlo y pedía ayuda para hacerlo», dilo en voz alta.

No tienes la culpa de ninguna bofetada que hayas recibido, de ningún puñetazo, de ningún dolor. De ninguna humillación.

Vuelve a pensar en tu muro. Solo ahora te das cuenta de que por un lado está cubierto por completo de arañazos, señales de peleas, de patadas, faltan trozos, las grietas ahí se han convertido en surcos, auténticos agujeros, que casi lo atraviesan de lado a lado. Ese lado de la pared está oscuro, ennegrecido, casi parece como si lo hubieran quemado, está lleno de pintadas torcidas, estropeadas, de grafitis groseros, enojados. Hay una esponja en el suelo, junto a ella se encuentra un cubo de metal, lleno de agua y jabón. Sumerge la esponja en el cubo, pásala con cuidado por el muro. Despacio, poco a poco. Quita la pátina, redescubre las zonas ennegrecidas, borra algunas pintadas, vuélvelo a dejar casi perfecto.

«Todos aquellos golpes nunca fueron culpa mía. Nunca hice nada para merecer dolor», di esto también en voz alta.

6. El pastel en el suelo (Creer que los niños son capaces de...)

El sexto factor detonante común es *un barullo*. De hecho, es *el barullo*. El lío, la confusión, el desorden, el caos. Es decir, cuando un niño simplemente se comporta como tal, pero el padre se olvida y vive ese momento como si fuera un desprecio hacia él y, en general, como un comportamiento inaceptable por parte de un hijo frente a sus progenitores.

Sobre todo si se tienen hijos muy pequeños, uno suele sentirse especialmente frustrado por el *barullo*. Y si se creció en un hogar (como puede haber sido el caso de tus progenitores) en el que una o más figuras parentales querían que todo estuviera siempre ordenado y limpio, y que a su vez limpiaban todo el rato sin descanso, uno se siente incluso más frustrado por los *barullos*. Pero el barullo es esencial. Es una forma magnífica de aprender para los niños durante sus primeros años de vida; es el único modo de comprender dónde están, cómo están, *cuántos* están: sus límites físicos, el espacio que ocupan, las temperaturas, las consistencias, lo que les despierta curiosidad, asco, alegría, tanto desde el punto de vista táctil, gustativo y sensible como visual. La percepción del ambiente por parte de un niño se desarrolla gradualmente con la edad. Algunos aspectos de la percepción empiezan a desarrollarse ya en los primeros meses de vida, mientras que otros solo lo hacen más tarde, durante la infancia y la adolescencia.

He aquí una panorámica aproximada de **cómo se desarrolla la percepción en la infancia:**

- 0-2 meses: los neonatos pueden percibir luces, formas, caras conocidas y sonidos. Les atraen especialmente los rostros humanos y los contrastes de luz y oscuridad.
- 3-6 meses: los niños empiezan a desarrollar la capacidad de seguir objetos con la mirada, percibir la profundidad y distinguir los colores. También empiezan a reconocer caras familiares.
- 7-12 meses: los niños mejoran su percepción de la profundidad y la distancia, y se vuelven más hábiles manipulando objetos. Empiezan a desarrollar una mayor conciencia de su entorno.
- 1-2 años: los niños comienzan a percibir el mundo en términos más complejos. Desarrollan una mayor conciencia de su cuerpo en relación con su entorno y empiezan a comprender conceptos como la permanencia de los objetos (la idea de que los objetos siguen existiendo aun cuando no son visibles).
- 3-5 años: durante la edad preescolar, los niños son cada vez más conscientes del mundo que los rodea. Desarrollan una mejor percepción espacial y empiezan a comprender cómo funciona el mundo en términos de causa-efecto.
- A partir de los 6 años: a medida que los niños crecen y van a la escuela primaria, su percepción del entorno se vuelve más sofisticada. Llegan a comprender mejor los puntos de vista de los demás y a interpretar las situaciones sociales.

¿Comprendes hasta cuándo no llega el mecanismo de causa-efecto?

Para un niño, es imposible entender antes que a una acción le corresponde una reacción. Pongamos, pues, el ejemplo de un comportamiento que podría haber llevado a actuar a un progenitor como el tuyo.

Ejemplo: *Si cojo con excesivo ímpetu un vaso lleno de agua, el agua se derramará.*

El hijo tiene un vaso en la mano, lleno de agua hasta el borde, y camina. A menos que sea extremadamente listo y camine muy despacio, se desbordará un poco y el agua acabará en el suelo.

La primera reacción del progenitor podría ser intervenir, quitarle la taza de las manos, evitar el riesgo de un desastre. Pero, en ese momento, ¿actúa por el bien de su hijo o intenta protegerse de la incomodidad de tener que limpiar un posible estropicio?

Su intervención, en este caso, quizá prive a su hijo de una importante oportunidad de aprendizaje. Dejar que intente llevar la taza, en cambio, le permitiría adquirir una experiencia directa de conceptos importantes como el equilibrio, el control motriz, la causa y el efecto. Si el agua se derramara, el hijo tendría la posibilidad de ver las consecuencias directas de sus acciones, y el padre podría darle una clave de interpretación.

Además, si interviene de manera constante para evitar los posibles fracasos de su hijo, puede transmitirle sin querer el mensaje de que no tiene capacidad para enfrentarse a los retos por sí solo, o que cometer errores es algo terriblemente malo. Y eso tendrá efectos negativos en su autoestima y en la confianza en sí mismo, igual que te ocurrió a ti. Igual que le ocurrió a tu progenitor cuando era niño.

No creo que pueda darte una mejor representación de qué y cómo se *transmite* el trauma intergeneracional.

No se *pasa* por la sangre ni por vía epigenética: un trauma se transmite a través del comportamiento que lo cuenta y lo revela. Un trauma se inflige, al igual que el propio, a través de esos comportamientos rígidos que sirven para mantener en pie a una persona que nunca se ha *visto* realmente. Que no ha tomado ningún camino, que no ha captado hasta qué punto era disfuncional lo que estaba haciendo para *sobrevivir*. Y así, de generación en generación, creyendo que se hacía bien, hemos llegado hasta aquí. Hemos llegado hasta ti. Que, en cambio, intentas cambiar esto.

Tómate un momento para sentir un enorme aprecio por ti. Estás haciendo algo difícil y doloroso, pero no te detienes.

Si cierras los ojos, verás a alguien en casa diciéndote...

_____

_____

_____

¿Qué se podría hacer para permitir a un niño que intentase llevar la taza del punto A al punto B sin que el padre sufra las consecuencias del agua que se cae?

Empiezo diciéndote lo que *no* se debe hacer: ponerte con aire sumamente preocupado frente al niño y estremecerte ante la menor sacudida. Estás en visible *hiperactivación,* tienes las manos y los brazos bien abiertos para recoger *el mundo que cae de los brazos de los titanes* directamente en los tuyos, y miras al pequeño Ulises mientras recitas el mantra: «¡No, no, cuidado, CUIDADO, así no, ¡DETENTE!».

Imagínate por un momento en el trabajo, mientras tratas de llevar a cabo una tarea asignada o parte de un trabajo que es nuevo para ti, que requiere tu atención y concentración, y que es la primera vez que afrontas: imagínate ahora que debes hacerlo con los ojos de todos puestos en ti (tú eres ese *todos* para tus hijos, recuérdalo), abiertos como platos, observándote e interrumpiéndote a cada instante. Si alguna vez te ha ocurrido, estoy segura de que recuerdas el estrés, la preocupación y la angustia. Para los pequeños humanos que habitan tu vida, es lo mismo. Ahora, sé muy bien que podrías responder diciendo que lo haces *por su bien,* así que procedo a tranquilizarte: no hablamos aquí de dejar que los niños metan la cabeza en un horno encendido, sino de permitirles caminar algunos metros con una taza de agua en la mano; no hay ningún peligro real aparte de la posibilidad de que el suelo se moje; en el peor de los casos, que la taza se caiga y se rompa. Lo sé, sería mejor que no ocurriera. Lo sé, no tienes tiempo, hay demasiadas cosas que hacer, quizá en este viaje no tengas a nadie que te ayude.

Te diré una cosa que no te gusta: **no ocultes tu frustración y tu deseo de ser el progenitor perfecto detrás de la excusa de la oportunidad perdida.** Lo que estás haciendo, criar a un ser humano de la mejor manera posible, es difícil. Requiere tiempo, requiere atención y concentración. Sé que tal vez no los tengas.

Lo importante no es que tú lo hagas todo siempre, lo importante es que tengas una brújula para cuando lo intentes.

No debes lograrlo, solo intentarlo. No oigas un juicio, ni el mío en lo que escribo, ni el tuyo en lo que lees. No hay juicios, solo un punto cardinal al que dirigirse.

¿Recuerdas los absolutos? Exacto, creer que debes hacerlo lo mejor posible *siempre* es un absoluto. Es precisamente ese motor el que te hace dejar de intentarlo, porque, mientras sientes la frustración de no lograrlo, te dices a ti mismo que más vale rendirse. Sentir el juicio y el dolor de no lograrlo, tirar este libro al fuego porque crees que es solo para los que tienen más tiempo y ayuda que tú es la defensa que te protege de sentirte un fracasado, y para hacerlo utilizas ese absoluto. No debes dejar que se rompa *siempre* la taza para ser un padre como es debido. Pero tienes que saber que una taza podría romperse, *de vez en cuando.* Si después no ha de pasar, tanto mejor. Si luego no pudieras dejar que ocurra la mayor parte del tiempo, tampoco pasa nada. Lo que necesitas tener en el corazón es simplemente *querer intentarlo.* Y lo estás intentando, te lo aseguro. Y eso ya está bien. De hecho, está más que bien.

Por tanto: llevar la taza del punto A al punto B, por ejemplo, es un excelente entrenamiento para aprender lo que es una distancia, lo que es un peso, cómo funciona un recipiente, y también varias leyes de la física* que en esta circunstancia tu hijo experimenta de forma empírica. Pero te daré una razón aún más convincente para que le dejes intentarlo, y es siempre la misma: lo contrario es contraproducente. De hecho, decir: «¡No lo hagas, no lo hagas! ¡Cuidado! ¡Lo vas a tirar!» **no es algo que hagas por él, por ella o por ellos: es algo que haces por ti.** Estás tomando el pavor de tu fracaso y lo estás introduciendo a la fuerza en esa personita que todavía no sabe cómo se pronuncia *fracaso*. Se lo estás imponiendo a alguien que aún no tiene ni idea de lo que es la culpa o la responsabilidad, para quien no existe el concepto de *consecuencia*. Por ahora solo tiene hambre, sueño, aburrimiento, miedo y necesidades. Decirle «¡CUIDADO! ¡Así te vas a hacer daño!» *hoy* no funciona. Hoy: donde todo puede volverse aterrador de un momento a otro.

Piensa en ello: «Así te vas a hacer daño». Pero ¿así cómo? ¿Caminando? ¿Sosteniendo la taza en la mano? ¿Teniendo sed? ¿Mirando el gato?

Lo haces por ti: porque no quieres que tus hijos sufran. Nunca. No solo físicamente, cortándose con una esquirla o resbalando con el agua del suelo y haciéndose un chichón, sino psicológicamente. Aprendiste demasiado pronto que sufrir está mal, y que para no sufrir uno nunca debe equivocarse. Si, con tus palabras y actos, pudieras preservar a tus hijos de cualquier error, de cualquier metedura de pata, de cualquier fracaso, entonces nunca tendrán que preocuparse por nada y no sufrirán. *Como te ocurrió a ti.*

Volveremos varias veces sobre este punto, pero ahora debemos concentrarnos en lo que sí *puedes* hacer, en lugar de preocuparte. En estos momentos, la mejor opción es animar a los hijos. Alentarlos a llevar a cabo la tarea que se han propuesto,

---

* El fenómeno del agua que cae de un vaso en movimiento, por ejemplo, se rige principalmente por la ley de la inercia de Newton y la ley de la gravedad.

incluso si tienen que desanimarse a mitad de camino porque algo ha salido mal, y ayudarlos solo si es estrictamente necesario, y de forma marginal. Felicitarlos por su buen trabajo (no por la destreza como persona, sino por el trabajo realizado) y ofrecerles un abrazo. Esta es una buena forma de reaccionar. Y si fracasaran, si rompieran a llorar, si se detuvieran en medio de la habitación o si todo acabase mal (el agua en el suelo, la taza hecha añicos, alienígenas en el jardín...), lo ideal sería usar una palabra graciosa como *uy*. «¡Uy!». Si la dices tú, ellos también la aprenderán. *Uy* indica que algo ha salido de manera diferente a como esperábamos, pero sin culpar ni juzgar.

Estaría bien que, en el trabajo, mientras intentas completar una tarea asignada, o parte de un trabajo que es nuevo para ti, que requiere tu atención y concentración, y que es la primera vez que abordas, si cometieras un error, pudieras levantar la vista, mirar a tu jefe y oírle exclamar sonriendo: «¡Uy!». ¿No es cierto?

Puedes hacerlo incluso mejor: «El agua se cayó de la taza porque estaba muy llena mientras ibas andando, ¿no? ¡Esas cosas pasan! ¿Qué crees que debemos hacer ahora?».

De este modo mostrarás a tu hijo que crees en sus capacidades, que respetas su proceso de aprendizaje y que lo apoyas de forma positiva y constructiva. Y aunque esto pueda requerir más paciencia y tolerancia por tu parte, recuerda que estás ayudando a *construir* ese pequeño ser humano, a prepararlo para afrontar los retos de la vida y a formar un individuo capaz, responsable y autónomo.

Tú también fuiste aquel niño con la taza en la mano, ¿cómo te sientes ahora? ¿Dónde estás ahora? ¿Te hicieron cometer un error? ¿Derramar el agua? ¿Romper la taza? Escríbelo.

En mi casa, en una situación similar, ocurriría:

_____

_____

_____

Debemos considerar que también habrá momentos en los que sentirás cómo crece la tensión entre tus exigencias y las de tus hijos. Momentos en los que sus acciones te pondrán a prueba y harán aflorar en ti emociones de frustración, rabia o vergüenza. Estas reacciones emocionales pueden desencadenarse por muchos factores, incluido el comportamiento de tus hijos en público. En esos momentos podrías sentirte juzgado por los otros y temer que te perciban como un progenitor fracasado.

Aquí debes recordar dos cosas importantes. En primer lugar, que lo que los demás piensen de ti no es responsabilidad tuya. No puedes controlar los pensamientos y juicios de los demás. La única persona que puedes controlar eres tú. **Y tu prioridad debe ser siempre el bienestar y el crecimiento de tu hijo, no la opinión de los demás.**

En este proceso puedes guiarte por una pregunta fundamental: «¿Qué estoy haciendo por mi hijo y qué estoy haciendo por mí?». Y observar qué fardos hay en tu corazón. Porque la respuesta a esta pregunta puede darte una indicación clara de cuándo tu comportamiento está impulsado por el deseo de protegerte del dolor y la vergüenza, en lugar de estar motivado por el deseo de ayudar a otro ser humano a crecer y desarrollarse como individuo autónomo.

En segundo lugar, **el comportamiento de tus hijos no debe ser la excusa para que *los demás* hagan comentarios sobre tu competencia como progenitor.** Los niños son individuos únicos, con sus personalidades, emociones y necesidades en construcción. Mientras estés a la escucha, buscando la necesidad bajo el comportamiento, incluso cuando actúen de formas que desde fuera resulten totalmente incomprensibles para *los demás,* tú te preguntarás con orgullo qué está pasando y qué intenta decirte esa personita, de la única forma en que puede expresarlo en ese momento: algo que a *los demás* les puede resultar embarazoso. *Qué más da.* Esto no implica en absoluto que estés fracasando como padre. Solo significa que te estás enfrentando a los retos normales y previsibles de la paternidad.

También porque los factores desencadenantes pueden ser más profundos. No siempre se trata de cosas *visibles*. Por ejemplo, si el comportamiento de un hijo en público te parece un detonante tremendo, por lo general hay algo más profundo.

Tú crees que piensas esto:

«Una rabieta en público puede meter en apuros a un padre porque podría molestar a otras personas (por ejemplo, un llanto prolongado o gritos en el lugar equivocado)».

Tu subconsciente, sin embargo, piensa esto:

«Una *rabieta* en público me da mucho miedo, porque temo el juicio de los demás».

«Si se porta *mal*,* entonces no soy un buen padre».

Sabes que en este libro podemos llegar hasta cierto punto. Podemos intentar comprender todo lo que te hace sentir de una determinada manera, y por qué. Podemos intentar comprender por qué, con un hijo, haces o podrías hacer lo que haces. Podemos hacerte *ver,* por fin, algunos porqués de tu infancia, uno tras otro, como juguetes sacados de una cesta. Pero una vez hayas identificado un detonante, el trabajo interior que debes realizar para comprender por qué el juicio de la otra persona te afecta tan profundamente debes llevarlo a cabo tú. Hagas lo que hagas, y lo hagas como lo hagas, el resultado será solo uno: **desde fuera, te juzgarán,** siempre.

Porque los demás, como tú, tienen decenas de mecanismos de defensa, y uno de ellos es atribuirte sus inseguridades, para sacudírselas de encima, aunque solo sea por cinco minutos.

¿Qué sabemos del pensamiento de los demás? ¿Qué sabemos de su mundo? Que no es el tuyo. Que no lo conocemos y que no dice nada sobre el tuyo. Lo que piensen de ti no es responsabilidad tuya. ¿Recuerdas lo que sí lo es? Tu hijo, su bienestar, las herramientas que tendrá a su disposición. Así pues, cuando sientas que el comportamiento de un hijo en público te activa y te pone en jaque, por miedo a lo que los demás puedan pensar de *ti* a través de él, te animo a que res-

* Es decir, de niño.

108

pires, pongas paz en tu corazón y vuelvas a acordarte de que el comportamiento de tu hijo no es más que una forma de comunicarse contigo. Que sea lo que sea lo que intente decirte, te necesita en ese momento, al margen de quién más esté presente, y que puedes intentar manejarlo exactamente como lo harías si estuvieras en casa.

Y ahora, será mejor que vayas a descansar a casa, metafóricamente hablando. Mañana abordaremos la verdadera necesidad que se oculta bajo cualquier tipo de comunicación. Hará falta un poco de paciencia y mucha concentración.

Hasta ahora hemos identificado muchos de los factores desencadenantes más comunes, los detonantes que puedes tener, experimentar y sentir. También hemos profundizado un poco más, para intentar comprender qué se esconde *debajo*.

Obsérvalos un instante más y escríbelos, si quieres, con tus propias palabras. Si no tienes hijos, intenta imaginártelos.

Mis detonantes como progenitor:

_____

_____

_____

Los comportamientos de mi hijo que me sacan de mis casillas:

_____

_____

_____

Las veces que no pude evitar explotar con mi hijo:

_____

_____

_____

Hasta mañana; te estaré esperando.

11

sobre la mente y sobre el otro

*cómo reconocer las necesidades que
se esconden bajo los gritos*

Respira muy hondo, suelta la mandíbula del maxilar, baja los hombros, destensa la contracción del entrecejo, despega por un momento la lengua del paladar y vuelve a llevarla allí, suavemente. Cierra los ojos por unos segundos y, cuando los vuelvas a abrir, pregúntate:

«¿De qué tendrías miedo realmente si tuvieras un hijo?».

«¿Qué intentaba comunicar yo como hijo, durante mi infancia, en todos esos momentos, similares entre sí, que podían hacer *saltar a* mis padres?».

Y ahora intentemos unir los puntos.

Imagínate esta situación: te encuentras en el sofá, quizá estés revisando el teléfono, tu hijo viene y te da una bofetada que te causa dolor físico.

¿Qué quiere de ti? ¿Que le prestes atención? ¿Que dejes de mirar el teléfono? ¿Lo que siente es *frustración? ¿Es rabia?* ¿Es el deseo de *hacerte daño* o de *castigarte?* Antes de ese gesto, ¿había intentado llamar tu atención? ¿Le respondiste?

Y tú, ¿qué querías de tus padres cuando buscabas su atención? ¿Querías *hacerles daño?* ¿Querías *castigarlos?*

Un niño no sabe dar nombre a una emoción. Un niño, a veces, ni siquiera sabe lo que quiere (¿dormir, beber, comer, afecto, entretenimiento? No lo sabe). E, incluso cuando sabe más o menos lo que quiere, casi nunca tiene las palabras para poder expresarlo.

No tiene ni idea de lo que siente, no puede aclararlo ni dentro ni fuera de él. Cuando tiene sensaciones desagradables, derivadas de necesidades que no se satisfacen *al instante,** el suyo es un estado de malestar caótico, confuso, inexplicable.

Desde el punto de vista psicológico, un niño no solo está cognitivamente mucho menos desarrollado que un adulto, sino que además está exclusivamente centrado en sí mismo y no tiene percepción de la existencia real del otro. Para él, el otro, como ser vivo separado de sí mismo, no existe.

Para un niño, el otro es una prolongación de sí mismo.

Concretamente, una figura que trabaja en exclusiva para él, a su *disposición,* las veinticuatro horas del día. Todos los días.

Son egoístas los niños, ¿no?

Intentemos verlo de este modo: ¿pensarías alguna vez que tu brazo izquierdo o un ojo o un pulmón o una rodilla pueden *elegir* de manera consciente permanecer en reposo? ¿Dejar de funcionar para ti? ¿Dejar de estirarse para coger un vaso de agua o mirar un libro o inhalar o hacerte saltar *arbitrariamente?* Pueden dejar de funcionar, claro, le puede pasar a cualquiera, pero desde luego no identificas las partes de tu cuerpo como agentes autónomos que puedan *decidir* no ejecutar las órdenes que les envías a través del cerebro porque «tienen otras cosas que hacer» o «están distraídos» o te piden que «esperes un momento».

Has de saber que, para un niño, las *dem*ás personas son exactamente como extensiones de sí mismo, y piensan en ellas igual que como los adultos consideran las partes del cuerpo.

---

* Repite conmigo: **para un niño no existe el tiempo.** Nadie se lo ha explicado todavía, no tiene los medios para comprenderlo. Si algo no sucede *ahora,* significa que *nunca* sucederá. No es un capricho, es un modo de funcionamiento. La frase «Si les das enseguida lo que quieren, nunca aprenderán a esperar» es idéntica a «Si no pongo pesos en la mesa, nunca aprenderán a aguantar más peso». En otras palabras: una idiotez basada en la ignorancia del funcionamiento y el desarrollo humanos.

Es difícil creer que un niño no tenga ninguna conciencia de la distinción entre sí mismo y los demás, lo sé.

Aquí también necesitamos hacer una pequeña profundización científica, para conocer las funciones que estamos examinando y, lo que es igual de importante, para comprender a qué edad nos referimos.

Los neonatos no tienen un sentido desarrollado del *yo* como entidad separada de otras personas y de su entorno. Los niños empiezan a desarrollar una conciencia de sí mismos entre los dieciocho meses y los dos años, en un proceso que continúa durante toda la infancia. Este fenómeno se ha estudiado ampliamente en la psicología del desarrollo.

Uno de los experimentos clásicos usados para comprobar la autoconciencia en los niños es la prueba del espejo o del pintalabios. En este experimento, se dibuja un punto con el pintalabios en la nariz del niño sin que se dé cuenta. A continuación, se coloca al niño frente a un espejo. Si el niño intenta alcanzar la mano en el espejo, para tocar el punto, es que aún no es plenamente consciente de sí mismo. Si, por el contrario, alcanza su nariz, esto indica que se ha dado cuenta de que esa imagen es un reflejo suyo, lo que muestra su conciencia de existir en el espacio.

Esta prueba se utiliza generalmente en niños de entre 18-24 meses. Muchos de esta franja de edad superan la prueba, lo que sugiere que *empiezan a* (atención: «empiezan a» no «acaban de») desarrollar una comprensión del yo durante este periodo de tiempo.

Sin embargo, cabe señalar que la comprensión del yo sigue desarrollándose y profundizándose a lo largo de la infancia e incluso de la adolescencia, incluyendo aspectos como el yo en tanto que objeto de pensamiento y reflexión (la llamada *teoría de la mente),* el yo en el contexto social y el yo futuro.

Además, la aparición de la autoconciencia está estrechamente relacionada con factores como el ambiente social y cultural del niño y, en consecuencia, puede variar de un individuo a otro y de una cultura a otra.

¿Qué quiero decir con *teoría de la mente?* Es un concepto fundamental en la psicología y la neurociencia que se refiere a la capacidad de comprender que otras personas tienen sus propias perspectivas, deseos, emociones e intenciones que pueden diferir de las nuestras.

Dicho de otro modo: la teoría de la mente consiste en **comprender que todo el mundo posee una mente independiente.** Esta comprensión nos permite atribuir estados mentales a los demás —lo que una persona puede pensar o sentir— y prever o interpretar sus acciones basándonos en estas atribuciones.

Para que entiendas hasta qué punto puede penetrar, y hasta qué punto incluso de adultos, en determinadas circunstancias (para muchos adultos, por desgracia, la mayoría de las veces), no es un proceso totalmente integrado, te mostraré algunos ejemplos: cuando crees arbitrariamente que alguien (sin conocerlo) *piensa como tú;* cuando crees que alguien, de quien has oído que habla mal de ti, *quiere hacerte daño;* cuando te enteras de que alguien te ha robado el coche y piensas que eso *no es justo,*[*] estás (por un momento) dejando de tener conciencia real de la otra persona y de que su mente y la tuya no son lo mismo.

Los niños pequeños no se dan cuenta **todo el tiempo** de que otras personas tienen conocimientos diferentes a los suyos.

---

[*] Lo que quiero decir con este ejemplo es que, si te roban el coche, evidentemente están cometiendo un delito y por supuesto tienes derecho a recuperarlo o a una indemnización por los daños. Pero, dejando a un lado por un instante la cuestión práctica, cuando ocurre algo así, es posible que te sientas víctima de una injusticia no solo en un sentido pragmático, sino como si la otra persona nos hubiera agraviado de manera consciente. Como si la otra persona no tuviera motivaciones propias (dinero, hambre o drogas, por ejemplo). Como si pudiera compartir con nosotros los valores de lo correcto y lo incorrecto, de lo malo y lo bueno, y hubieran ido *más allá* de estos. En cambio, si alguien te roba el coche, tiene sus «razones» (lo pongo entre comillas, de nuevo para indicar que el acto es deplorable, pero no se considera en este contexto), que no tienen nada que ver contigo ni con los tuyos.

Esta falta de teoría de la mente se ilustra en el experimento clásico de la «falsa creencia» *(false belief task).*[1]

En este experimento, se muestra a los niños una escena en la que un personaje coloca un objeto en un lugar, luego se aleja y, mientras se va, el objeto se mueve. Cuando se pregunta a los niños dónde buscará el personaje el objeto cuando regrese, los niños más pequeños (normalmente los menores de cuatro años) suelen responder señalando el nuevo lugar, sin darse cuenta de que el personaje no tiene forma de saber que el objeto se movió.

¡La teoría de la mente* comienza a desarrollarse en los niños en torno a los 3-4 años y continúa evolucionando durante toda la infancia!

La conciencia de que los demás existen como entidades separadas con sus propias mentes, emociones y percepciones —independientes de ellos— comienza a desarrollarse de manera gradual en los primeros años de vida. Esta conciencia es un aspecto clave de la teoría de la mente.

Por lo general, alrededor de los 3-4 años, los niños empiezan a demostrar una comprensión rudimentaria de la teoría de la mente. Es el periodo en que empiezan a comprender que otras personas pueden tener creencias o conocimientos diferentes de los suyos.

Sin embargo, la maduración completa de la teoría de la mente, y de la plena conciencia de la separación del yo respecto de otros individuos, requiere más tiempo y continúa desarrollándose durante toda la infancia e incluso la adolescencia. Algunos aspectos más sofisticados de la teoría de la mente, como la comprensión de las falsas creencias de segundo orden (es decir, las creencias de una persona sobre las falsas creencias de otra persona), podrían no empezar a desarrollarse hasta los 6-7 años o más.

* Sabemos que muchas partes del cerebro están implicadas en la teoría de la mente, como la amígdala, la corteza prefrontal y las áreas temporales superiores. Sin embargo, aún no comprendemos del todo cómo estas partes del cerebro trabajan juntas para permitirnos comprender la mente de los demás.

Es importante destacar que se trata de un proceso continuo y que puede haber una gran variabilidad individual en el ritmo de desarrollo de estas habilidades.

En síntesis, la conciencia completa de que los demás existen con independencia de uno mismo es un proceso que se desarrolla gradualmente a lo largo de la infancia y la adolescencia, y los elementos fundamentales de esta conciencia comienzan a formarse en torno a los 3-4 años.

Un niño que «agrede» a un padre se está comunicando única y exclusivamente con lo que él cree que es a todos los efectos no un ser humano por derecho propio, sino un trozo de sí mismo, que necesita algo. Nada más.

¿Empiezas a comprender ahora lo crucial que es poner nombre a las emociones que siente un niño? ¿Y comprender que para él «ahora no puedo» significa «nunca más podré cuidar de ti»? ¿Están un poco más claros los llantos desesperados, las crisis, los forcejeos, los tirones de pelo cuando están especialmente nerviosos o increíblemente tristes?

Ves cómo se abre una puerta a todas las veces que te regañaron porque te desahogabas y no entendías por qué. Por ahora no puedes atravesarla: miras dentro.

Al etiquetar las emociones, el niño aprende a entender y comunicar la diferencia entre rabia, frustración, decepción, desánimo, miedo, etcétera. Además, por supuesto, de la necesidad subyacente a esa emoción: hambre, sueño, sed, deseo de contacto, independencia. Muchas emociones se manifiestan con comportamientos rabiosos o agresivos, pero la raíz de la emoción suele ser más específica. Enseñar a un niño esta habilidad beneficiará a todas sus relaciones, y tú lo sabes, porque también luchas por comprender lo que hay, a menudo, debajo de tu rabia.

La validación de las emociones es poderosa e importante. Atención: **validar las emociones de un niño no significa**

aprobar su comportamiento, sino comunicar: «Te veo. Me identifico contigo y puedo ayudarte a superar este momento». Porque, recuerda, **todas las emociones son válidas.**

Por tanto, frases como «Si no dejas de llorar, te daré una buena razón para llorar» no tienen sentido, nunca lo tendrán y nunca lo tuvieron para ti, excepto para crearte dudas incluso sobre ti mismo: cuestionar la presencia y la validez de las emociones que sentías.

Das un paso adelante, cruzas la puerta, te ves llorando, en situaciones que no recuerdas con precisión, de las que solo revives la sensación de desconcierto, miedo y vergüenza, mientras alguien te dice: «Cómo exageras, solo he partido una galleta». «¿Qué te pasa? Me he ido hace cinco segundos». «Qué escenas montas, solo es una camisa roja, no una cota de malla. Muy bien, te la quitaré, pero deja de lloriquear».

Los padres no comprenden que los niños no tienen sus mismas razones. Son ellos los primeros en no aplicar la teoría de la mente, olvidando que sus hijos más pequeños no disponen de herramientas para acceder al pensamiento racional, como los adultos. Por ello, consideran que las razones por las que sus hijos lloran o se quejan carecen de sentido.

Por supuesto, no tienen sentido *para ellos.* Que, sin embargo, no tienen ni un año, ni tres ni siete. Como hemos dicho, el cerebro de un niño funciona de forma diferente al de un adulto.

Has atravesado la puerta, detrás de ti aún se oyen algunas frases que resuenan.

«Si no dejas de llorar, te daré una buena razón para llorar».

«Los niños mayores no lloran».

Sabes que esa forma de invalidar por completo tus emociones te enseñó que sentir —o mostrar— cualquier emoción significa ser débil.

Te vuelves hacia la puerta, quisieras volver atrás, hacia tu fi-
gura infantil, te gustaría cogerla en brazos y salvarla de todo
ese dolor. Te gustaría darle los conocimientos que tienes ahora,
que descubres ahora. No puedes, te das la vuelta de nuevo, para
seguir avanzando, después de haber echado un último vistazo a
tus recuerdos. Necesitas seguir adelante. Procedes.

Tal vez así te inculcaron la creencia de que las emociones son molestas y deben ocultarse. Tal vez por eso te avergüences cuando ves a alguien besarse, cuando alguien se muestra demasiado te preguntas si se está equivocando, si los que se exponen semidesnudos, los que se presentan sin máscara, los que no esconden sus cicatrices, están *exagerando,* haciéndose demasiado los *diferentes,* llamando demasiado la atención.

¿Qué te enseñaron? A esconderte. Y que mostrar demasiadas emociones te hace débil y visible para los demás, que entonces pueden criticar tus debilidades. Y lo que tú llevas haciendo toda tu vida es luchar en tu interior contra este abuso, sin saber siquiera que lo sufres. Cuando hablas de ti, te defines como una persona a la que «no le molestan» los que se exponen, los que buscan su autenticidad, pero los consideras *extraños.* Demasiadoególatras.

Proyectas en ellos tus sensaciones.

Sientes miedo por ellos, vergüenza por ellos, pero no sabes cómo definir estos sentimientos. Te encuentras mal porque, en su lugar, no lograrías sentirte invisible y, por tanto, protegido; no consigues aceptarlo.

Sientes que incurres en falta, necesitas apartar la mirada, el pensamiento, la sensación.

«¡Cómo sobredimensionas las cosas, qué exageración!».

Tu sentimiento de *fastidio* es imitado por la sociedad que nos rodea.

Estás librando una guerra desde dentro hacia fuera, no es fácil.

Permíteme darte un ejemplo que impregna toda nuestra realidad cotidiana.

Cuidado, porque estoy a punto de hablarte de uno de los monstruos más arraigados que poseemos tú, yo, todos. Uno de esos temas que nos cuesta aceptar y nos afecta a todos, en todos sus peores matices, es la *gordofobia*. Con independencia del cuerpo que habitemos, está instalada en nosotros desde los años sesenta. Lo tomo como ejemplo, porque incluso con la mejor de las intenciones y la mayor capacidad de autoanálisis, todos caemos en ella a diario.

Piensa por un momento en lo que decimos de los gordos. Que son perezosos, que podrían hacer algo para salir de su condición. Que si los regañamos o se lo señalamos lo hacemos *por ellos,* que deberían actuar *por su salud.* En la primera parte decimos que son perezosos, en la segunda que están enfermos. ¿Qué sabemos de ellos? De esa vida, de esa persona, ¿tú qué sabes? Nada. Y ellos, de ti, ¿qué saben? Nada. Sin embargo, te hace sentir mal que alguien te diga cómo debes vivir tu vida, ¿verdad? Así pues, ¿por qué es tan fácil meterse con los cuerpos gordos?

Porque cuando ves uno, el miedo a que alguien te mire como tú lo miras es demasiado grande.

Porque siempre han invalidado tus emociones y han silenciado, ocultado, reprimido e igualmente invalidado las exigencias de tu cuerpo.

Tú no quieres ser esa persona señalada, sea quien sea.

Por eso los adultos no se sienten cómodos explorando y hablando de sus sentimientos, por eso sus relaciones tropiezan. Para que un hijo tenga madurez emocional, debe ser capaz de entender que **todas las emociones están a salvo con sus padres.**

Un niño cuyas emociones se han validado tiene muchas más probabilidades de recurrir a sus padres en momentos de necesidad, mientras que un niño cuyas emociones se han rechazado o sometido a burla tiene muchas más probabilidades de ocultarlas, reprimirlas, sublimarlas en comportamientos autodestructivos y disfuncionales que además ponen en peligro componentes dinámicos necesarios como el ritmo sueño-vigilia, la alimentación o la capacidad de salir y crear y mantener relaciones sanas y satisfactorias.

Como a veces te ocurre a ti.

¿Tienes la sensación de que tus emociones fueron rechazadas o invalidadas durante la infancia? Escríbelo.

Durante la infancia:

_____

_____

_____

_____

Cuando los niños se portan mal, la raíz del problema es siempre una necesidad insatisfecha.

Llegados a este punto, tal vez te preguntes cómo descubrir con eficacia las necesidades ocultas. En primer lugar, es esencial comprender que el objetivo principal no es simplemente parar o modificar un comportamiento, sino abordar la necesidad fundamental que subyace a ese comportamiento. De este modo, se crea un entorno que permite a los niños desarrollarse con plenitud.

Una vez identificada la necesidad, hay que encontrar la manera de satisfacerla. Solo una vez satisfecha se puede indicar cómo corregir el comportamiento.

Los seres humanos siempre buscan satisfacer las mismas necesidades básicas: **supervivencia, vínculo, independencia, libertad** y **felicidad.**

Desglosemos estos requisitos:

Supervivencia: seguridad, protección, certeza de ser vistos y escuchados.

Vínculo: conexión, afecto, amar y ser amados.

Independencia: existir a los ojos del otro, tener habilidades, saber hacer, saber decir, saber comunicar.

Libertad: poder hacer elecciones.

Felicidad: risas, diversión, aprendizaje y cambio.

Desglosémoslas y exploremos cómo cada necesidad puede manifestarse en los comportamientos en cada etapa: *neonatos, niños* y *adolescentes.* Consideremos a los «neonatos» hasta que cumplen su primer año de vida. Aunque, en términos más técnicos, la palabra *neonato* se refiere a los niños en las primeras cuatro semanas (o veintiocho días) de vida. Después de este periodo, y hasta el año, se los suele denominar *lactantes.* Sin embargo, en el lenguaje común, es habitual utilizar el término *neonato* para referirse a un niño en su primer año de vida, por lo que lo utilizaremos así.

La necesidad de supervivencia: seguridad, protección, certeza de ser vistos y escuchados.

Neonatos: llantos de hambre, llantos de cansancio, llantos de ansiedad: en la fase neonatal todos suenan diferentes, pero todos son un intento de satisfacer la necesidad básica de supervivencia.

Niños: cuando la necesidad de supervivencia de un niño no se satisface (tiene hambre, está cansado, tiene sed o se siente ansioso, inseguro), su comportamiento va mucho más allá del simple llanto. Puede mostrar agresividad hacia sus padres u otras personas. Sus gestos quizá se vuelvan provocadores. A esa edad, puede pegar, dar patadas, gritar o incluso volverse excesivamente enérgicos.

Recuerda que los niños *no son capaces* de memorizar siempre las normas y aplicarlas con constancia —las están aprendiendo—, pero sobre todo recuerda que no son capaces de distinguir su «agresión» (su «no») de la regañina de un padre: para ellos ambas cosas son equivalentes.

Es decir, si crees que puedes hacer que un niño deje de comportarse violentamente regañándolo, es porque piensas que él «registra» que su «no» tiene valor como agresión y en cambio tu «no» tiene valor como herramienta correctiva.

No es el caso.

Si tú gritas para que deje de gritar, si lo zarandeas porque ha tirado algo, etcétera, solo le dices que **su comportamiento es el mismo que el tuyo,** que **tú también respondes a las cosas de forma similar a como lo ha hecho él,** es decir, con agresividad.

Por tanto, ¿cómo podría darse cuenta de que esa forma (violenta) de expresarse no es la mejor para comunicar su frustración o su ira o su hambre o cualquier otro sentimiento desagradable que esté experimentando?

Tú, sin saberlo, te conviertes en su espejo y él, por un lado, cree que hace lo correcto porque se ve a sí mismo en ti, pero, por otra parte, está desesperado, porque poco después intuye por tu comportamiento que ha hecho algo que te desagrada, sin entender en absoluto qué. Una buena manera de instalar el sentimiento de culpa, ¿verdad?

Adolescentes: en estas etapas, los niños son capaces de comunicarse claramente cuando sus necesidades físicas de supervivencia (hambre, sed, cansancio) no se satisfacen. Sin embargo, la corteza prefrontal, la parte del cerebro que controla los impulsos y las emociones y ayuda a tomar decisiones con calma, aún está poco desarrollada. Por eso, cuando un adolescente se siente ansioso, inseguro, suele actuar mediante la rebeldía o el desafío o, en el lado opuesto del túnel, con excesiva timidez y reserva. Una señal puede ser la búsqueda constante de soledad, el distanciamiento de los demás, de los compañeros y de los adultos. Esta es una señal de alarma potencial y te transmite que sus necesidades emocionales de seguridad y protección no se están satisfaciendo.

La necesidad de vínculo: conexión, afecto, amar y ser amado.

Neonatos: un neonato que se siente solo, no amado y anhela un vínculo, volverá a llorar o a gritar.

Niños: cuando un niño se siente desconectado y no amado, a menudo busca atención actuando (pegando, mordiendo, pateando, lanzando objetos, etcétera). Los comportamientos de búsqueda de atención son en realidad comportamientos de *búsqueda de afecto* y *conexión* en su raíz.

¿Cómo los distingue de los comportamientos de juego, descubrimiento, introspección? Todos son comportamientos (dar patadas, morder, pegar, lanzar) que alejan algo de él y te lo llevan a ti. Por su parte, tirarse algo por encima, guarrear con la comida, arrugar papel, colorear, ensuciarse, mirarse, intentar llevarse algo a la boca como pequeños objetos, ropa, etcétera, son todas acciones que, si lo piensas bien, son *hacia* él, hacia su interior.

Adolescentes: un adolescente que se siente desconectado y no amado puede volverse rebelde, desafiante, irónico, sarcástico y desconectado de la realidad. Todos estos comportamientos son a menudo un intento de encubrir las grandes emociones a las que se enfrenta bajo la superficie y que no puede comprender del todo por sí mismo.

¿Cómo *hablar* con estas necesidades?, se preguntan los hijos, incluso antes que los padres. Efectivamente, les gustaría hacerlo, pero no tienen ni idea de cómo, a menudo ni siquiera saben qué necesitan. Para esto bastaría con el número de palabras que conocen, pero si no han recibido ninguna educación emocional, su respuesta emocional, que les permitiría vincular esas palabras a sus estados de ánimo, se lo impide. No entienden qué es lo que va mal, pero sienten que algo no funciona. Sienten que las cosas no van como deberían, se dan cuenta de que sienten una ansiedad constante, o que se acentúa en situaciones sociales. Sienten que ya no se reconocen, que no saben quiénes son, que el tiempo se les escapa, que ya deberían estar preparados, ser capaces, haber encontrado un camino. Les cuesta concentrarse, les cuesta terminar una tarea o se obsesionan con terminarla.

En todos estos casos, no saben cómo pedir ayuda. Y no es culpa suya. Nunca es culpa de ellos. Igual que nunca fue culpa tuya cuando te ocurría a ti. Pero pueden encontrar un refugio seguro en ti, siempre. Esto es lo que debes ser capaz de hacerles comprender. Tú eres su hogar, para siempre, siempre que quieran estar allí, sentados incluso sin decir nada, y tomar aliento. **Puedes ser su aliento,** como a ti te habría gustado tenerlo.

Tú eres el aliento de tus hijos cuando todo les asfixia.

Si sientes que algo va mal, si crees que necesitan ayuda, pídela tú a un psicoterapeuta en primer lugar, intenta ver si les beneficiaría, sin juzgarlos, sin preguntarte si es culpa tuya, si no has sido un buen progenitor. Lo eres, lo veo desde aquí: ningún mal padre habría leído esta frase sin tirar el libro al otro lado del mundo, te lo aseguro.

Y, entretanto, tienes algunas flechas en tu arco: pasar tiempo juntos, preguntar si desea un poco de contacto físico, unas palabras de apoyo, un regalo (no algo caro, solo un detalle) y ayudarlo con algo que le resulte difícil. No todo está bien para todo el mundo, algo está mejor que otra cosa: solo tú puedes averiguarlo, intentándolo. Con el tiempo que posees y los medios de que dispones, sin juzgarte porque tienes demasiado o demasiado poco. Sin juzgar si le servirá de algo, porque te duele no tener éxito al primer intento. Pero puedes intentarlo. Escríbelo.

Quiero intentar:

_____

_____

_____

_____

La necesidad de independencia: existir a los ojos del otro, tener alguna competencia, saber hacer, saber decir, saber comunicarse.

Neonatos: en esta etapa, la necesidad de independencia se manifiesta sobre todo en la necesidad de ejercitar la competencia. Incluso los niños muy pequeños pueden mostrar frustración, a su manera, si consideran que un juego o una interacción no son lo bastante estimulantes o, por el contrario, suponen un reto excesivo.

Niños: en esta etapa, los niños empiezan a comprender con mayor profundidad lo que significa ser importante para los demás, tener un impacto y ser competente. Los niños pueden sentirse frustrados o agresivos cuando tienen la impresión de que no son importantes, que no logran un impacto, o cuando una tarea no les supone ningún reto o es demasiado difícil para ellos. Al igual que cuando un padre se ofrece de manera continua a ayudarlos o a hacer cosas por ellos, pueden responder con un «no» rotundo e insistir en hacerlo ellos mismos. Y tienen razón (obviamente con la supervisión de un adulto).

Adolescentes: en esta fase el hijo tiene comprensión y deseo de ser importante, de una forma mucho más profunda. Desea tener un impacto en su vida y en la de los demás, sentirse y ser (considerado) competente. Si siente que le falta algo en alguna de estas áreas, puede volverse rebelde, desafiante, agresivo o solitario.

De hecho, durante la adolescencia, el individuo atraviesa un periodo de rápido crecimiento y cambio. Esto no solo incluye cambios físicos, sino también emocionales, mentales y sociales. La independencia se convierte en una parte fundamental del desarrollo de la identidad durante este periodo, cuando los adolescentes empiezan a desvincularse de sus padres y a buscar un sentido de autonomía y autoeficacia.

Desde el punto de vista científico, estos cambios están estrechamente relacionados con el desarrollo del cerebro. Durante la adolescencia, el cerebro experimenta cambios estructurales significativos, sobre todo en las áreas asociadas con el pensamiento abstracto, el juicio y la autorregulación. El lóbulo frontal[2] del cerebro (donde reside la corteza prefrontal),[3] responsable del razonamiento, el juicio y el autocontrol, es una de las últimas zonas en «madurar». Esta es una de las razones por las que los adolescentes pueden ser impulsivos o tomar decisiones arriesgadas.

La necesidad de independencia de los adolescentes se manifiesta de muchas formas. Algunos adolescentes pueden intentar ejercer su autonomía desafiando la autoridad de los padres o de las figuras adultas. Esto puede dar lugar a comportamientos de rebeldía, como discutir, romper las normas o mentir. Otros tal vez busquen la independencia a través de comportamientos más positivos, como asumir responsabilidades personales, tomar decisiones autónomas o desarrollar nuevas habilidades.

Sin embargo, la necesidad de independencia no debería interpretarse como un deseo de distanciarse completamente de los padres o de los adultos. Los adolescentes siguen necesitando apoyo, orientación y estructura durante este periodo de cambio. Las investigaciones han demostrado que los adolescentes que sienten que cuentan con el apoyo de sus padres tienden a desarrollar un sentido más fuerte de sí mismos y a tomar decisiones más positivas.

Es importante tener en cuenta que cada adolescente es único y puede expresar la necesidad de independencia de diferentes maneras. Como figura de referencia, es importante prestar atención a estas señales e intentar proporcionar un equilibrio entre apoyo e independencia. Esto puede incluir la escucha activa, el reconocimiento de los sentimientos del adolescente, la negociación de normas y límites, y el apoyo a la exploración de nuevas habilidades e intereses.

También nos recuerda que la adolescencia es un periodo de autodescubrimiento y crecimiento personal. A pesar de los retos que puede presentar, también es una oportunidad para que los adolescentes se conviertan en individuos autónomos, seguros de sí mismos y capaces.

La necesidad de libertad: poder elegir.

Niños: los niños desarrollan muy rápidamente una comprensión más profunda de las elecciones que pueden y no pueden hacer, incluso antes de que llegue la conexión con el concepto de consecuencia y causa-efecto. La necesidad de libertad puede manifestarse con el llanto o el grito de un niño cuando «siente» que no tiene elección porque el adulto no se la ofrece. Cuando no se le concede su independencia, o cuando se le concede tanta que se convierte en abandono, negligencia. Puede observarse desde una edad muy temprana si son muy exigentes con respecto a las actividades, juguetes o tareas que prefieren. Comprenden el significado de la independencia y les gusta ejercer esta necesidad con una palabra muy sencilla (que, recordemos, es una frase completa): «No».

Esta palabra se pronuncia a menudo en un tono que tal vez nos parezca agresivo o rebelde, o extremadamente provocativo, pero, bajo la superficie, **el «no» es la forma en que un niño dice: «Necesito más libertad e independencia, por favor».**

Cuando eres tú el que te encuentras en una situación en que la vida o alguien empuja con fuerza contra las normas que has impuesto o impones, que regulan tu libertad, estoy segura de que desearías poder hacer lo mismo.

«No» es la forma en que a veces tú también dices simplemente: «Necesito más libertad e independencia, por favor».

Adolescentes: la necesidad de libertad es imperativa en la fase adolescente. Un adolescente que siente que no tiene voz ni voto, que no es libre y que no es en absoluto independiente y autosuficiente suele actuar con rebeldía, desafío o agresividad, o tiende a aislarse por completo. Es muy probable que encuentre formas de satisfacer esta necesidad por sí mismo volviéndose furtivo, disimulando o, por supuesto, mintiendo.

Las mentiras no son un peligro, solo hay que observarlas. Porque esconden, como todo lo demás, una necesidad. Acuérdate de que **ser genuino y ser sincero no es lo mismo.** Ocúpate de hasta qué punto su comportamiento es genuino, sobre todo con respecto al yo que tu hijo está construyendo; no te centres solo en el hecho de que miente, sino en *qué* mentiras dice. Encuentra la necesidad, ofrécele apoyo, proponle reglas con explicaciones fundadas, respeta a la persona que tienes delante; aunque con razón debas imponerle comportamientos por su salud mental y física, no esperes que sus reacciones y sus relaciones sean las mismas que las tuyas. Es una persona diferente de ti.

La búsqueda de la felicidad: risas, diversión, aprendizaje y cambio.

Neonatos: en el caso de los neonatos, la necesidad de diversión suele manifestarse con chillidos para llamar la atención, balbuceos o llantos (sobre todo si los chillidos y los balbuceos no han funcionado). En esta etapa de la vida, cada interacción puede ser una fuente de diversión, por lo que es importante observar estas señales atentamente. A pesar de su corta edad, los neonatos ya poseen su propio sentido del humor, que aflora a través de las risas y las sonrisas. Su curiosidad innata los lleva a explorar el mundo que los rodea, y este aprendizaje es una parte esencial de su diversión.

Niños: con la edad, la necesidad de diversión evoluciona. **Un niño aburrido es un niño que se comporta de forma extraña, no un niño apagado.** Puede volverse imprudente, destructivo o peligroso para satisfacer su necesidad de diversión. En esta fase, los juegos y las actividades que supongan un reto para su mente y su cuerpo pueden ser muy gratificantes. Los deportes, los juegos de mesa, el arte, la música y la lectura ofrecen oportunidades de diversión y aprendizaje. **La búsqueda de la felicidad pasa por descubrir nuevos intereses y cultivar las pasiones.** Ojalá lo entendiéramos también nosotros.

Una vez más, me gustaría señalar que un niño no es por naturaleza muy silencioso o inactivo durante largos periodos. Cuando esto ocurre, no significa que se aburra o que simplemente esté bien: por desgracia, es al contrario.

En la etapa infantil, la energía y la curiosidad son rasgos típicos distintivos. Los niños tienen una inclinación natural a moverse, explorar y hacer preguntas sobre su realidad circundante. Este comportamiento es crucial para su desarrollo físico y cognitivo, así como para su bienestar emocional.

Si un niño parece inactivo, silencioso o retraído durante largos periodos de tiempo, puede ser motivo de preocupación. Existen varias explicaciones posibles para esta clase de comportamiento, y muchas de ellas tienen raíces tanto biológicas como psicológicas.

Excluyendo el punto de vista médico, en el que la falta de energía o la inactividad pueden ser síntomas de un problema de salud física que reduce la energía del niño y limita su capacidad para participar en actividades, encontramos varias explicaciones psicológicas.

Por ejemplo, un niño que permanece callado o inactivo durante largos periodos podría padecer una enfermedad mental como la depresión o la ansiedad. La depresión infantil, aunque menos frecuente que la depresión en la adolescencia o la edad adulta, puede manifestarse con síntomas como tristeza persistente, pérdida de interés por actividades habitualmente agradables, retraimiento social y fatiga.

Además, un niño se volverá a veces silencioso o inactivo como un **mecanismo de defensa en respuesta a situaciones estresantes o traumáticas.** Si un niño se siente en peligro, confuso o abrumado, quizá «se apague» o «desconecte» emocionalmente (¿recuerdas?). Puede ser una forma de protegerse de experiencias dolorosas o amenazantes. Este mecanismo se conoce como «disociación» y tal vez sea un signo de que el niño intenta hacer frente a situaciones extremadamente difíciles.

Si se observa un cambio sustancial en el grado de actividad o en el comportamiento de un niño, es importante buscar el consejo de un profesional de la salud mental o un pediatra. Pueden ayudarte a identificar la causa subyacente del cambio y a desarrollar un plan de tratamiento adecuado.

Adolescentes: la búsqueda de la felicidad se vuelve más compleja durante la adolescencia, una de las fases más delicadas y cruciales, aquella en la que los niños rompen con la infancia y comienzan el proceso de convertirse en adultos. Los jóvenes se despojan de las actitudes infantiles que antes les resultaban divertidas y aprenden nuevas formas maduras de satisfacer esta necesidad. Esto puede incluir nuevas formas de creatividad, el desarrollo de relaciones más profundas y la exploración de ideas y creencias más complejas. Sin embargo, si no consiguen encontrar maneras maduras y satisfactorias de saciar su necesidad de felicidad, corren el riesgo de experimentar soledad y aburrimiento. Este estado puede, a la larga, provocar ansiedad, inquietud y una sensación de vacío, de no tener un lugar cómodo en el mundo. Cuando un adolescente se siente así, tal vez diga cosas como «estoy cansado de hacer...», «no tengo energía para...» o «necesito hacer algo».

No es tan diferente de lo que te ocurre a ti, ¿verdad?

La felicidad, por tanto, es una necesidad compleja y cambiante que evoluciona con nosotros a medida que crecemos y cambiamos.

Los hijos suelen actuar de forma similar cuando no ven satisfechas sus necesidades, sobre todo cuando son muy pequeños. Actúan y reaccionan con las herramientas de las que disponen, que van aumentando conforme crecen. Como la conciencia. Por este motivo, si un padre solo intenta detener el comportamiento *incorrecto,* pierde la oportunidad de satisfacer la necesidad en su raíz. Pierde la oportunidad de ser un refugio seguro, un respiro, una fuente de tranquilidad, conciencia, conocimiento y evolución.

Cuando no satisfaces las necesidades de un hijo, él buscará en otra parte. Y, a veces, no encontrará ningún lugar al que ir. Porque le falta la capacidad de buscar ayuda.

Ningún progenitor quiere que el mundo exterior influya más en su hijo que el amor que siente por él. Para invertir esta tendencia, uno puede practicar para tratar de convertirse en «cinturón negro» de las necesidades ocultas, entrenando la sensibilidad que permita identificar la necesidad real subyacente a ese tipo concreto de comunicación que escenifica un niño. **No hay que leer la mente: se puede preguntar,** se puede intentar definirlo en voz alta, se pueden probar cosas.

«¿Y si me equivoco?».

El peor error que cometerás al intentarlo será mil veces menos grave que ignorar la necesidad.

«Pero no tengo tiempo».

A medida que practiques, necesitarás cada vez menos. Ten paciencia, no te juzgues y no te rindas.

12

sobre ser tú un padre

satisfacer las necesidades ocultas bajo los gritos

Hemos hecho un análisis de cuáles pueden ser las necesidades de un (joven) ser humano y de cómo reconocer las señales, incluso cuando están *cubiertas* por la escasa capacidad para comunicarlas.

¿Y ahora?

Ahora intentemos comprender cómo satisfacer algunas de estas necesidades, sin rendirse a ellas.

¿Por qué solo algunas? Porque son las más complejas, y quizá cuentes con muchas creencias arraigadas sobre ellas. Son las que en tu posición de hijo tocaron cuerdas que han seguido vibrando a lo largo de los años. Son las que a veces te han hecho sentir que odiabas a tus padres, aunque sin saber lo que hubieras querido o tenido que recibir para crecer en paz y sentirte digno de amor. Por este motivo, nos centraremos en estas.

Lo que sigue, por tanto, se aplica a ti como **padre** (de ahí el título del capítulo: *Sobre ser tú un padre)* potencial o real y, como siempre, también se aplica a ti **como hijo,** para estimularte a recordar lo que significó recibir o no estas atenciones.

Comencemos.

Como en otros casos, es necesario empezar con una especificación. Es posible que hayas oído o leído alguna frase como esta: «Eh, pero si un niño grita / monta un barullo / tira cosas

/ dice te odio / etcétera, y tú, en lugar de reñirlo, de hacerle comprender que su comportamiento tiene consecuencias, lo tranquilizas… nunca aprenderá a respetar las normas».

«… nunca estará preparado para el mundo real, el mundo en que la vida te devora y te escupe, sin pedir permiso. Y todos lo aplastarán, se burlarán de él».

«… nunca llegará a ninguna parte, porque no habrá aprendido qué es el respeto».

Estas afirmaciones —por más que muchos las hayan compartido en el pasado— han resultado ser una colosal patraña a la luz de los conocimientos científicos actuales.

Pero no quiero que debas confiar ciegamente en las palabras de una desconocida (yo) —por bienintencionada que sea— que pone en entredicho quién sabe cuántos años de terrorismo psicológico, en el que se te explicó algo muy parecido a lo que he resumido hace unas líneas. No te pido que creas mis palabras con los ojos cerrados: permíteme guiarte para que entiendas por qué en el pasado se consideraban verdades incuestionables.

Partamos de las primeras décadas del siglo xx, cuando la psicología educativa estaba impulsada predominantemente por teorías *conductistas*. Estas sostenían que el comportamiento de los niños debía modelarse mediante una serie de refuerzos y castigos, mecanismos de recompensa y castigo.

El conductismo, que se originó con John Watson y se desarrolló con Burrhus Skinner, consideraba al individuo como un ser pasivo cuyo comportamiento estaba determinado por un conjunto de estímulos y respuestas.

La mente se consideraba una caja cerrada, y sus procesos internos, irrelevantes. Solo importaba lo que podía observarse y medirse: **el comportamiento.**

Este punto de vista ejerció una profunda influencia en la educación. Se creía que, si se coge en brazos a un niño que llora para conseguir algo, aprenderá a llorar cada vez más para conseguir el mismo resultado.

Esta perspectiva dominó durante décadas y guio el comportamiento de padres, educadores y psicólogos.

En pleno siglo xx, llegó Benjamin Spock. Su enfoque, revolucionario para la época, desafió la sabiduría convencional. Spock subrayó la importancia de comprender y aceptar las necesidades de los niños, sugiriendo un enfoque más equilibrado que combinara disciplina y amor. Hoy la psicología ha superado la visión limitante del conductismo puro y ha integrado el enfoque con aspectos cognitivos. Se reconoce que los niños son actores activos en su aprendizaje, con pensamientos, sentimientos y experiencias internas que influyen en su comportamiento. Por ello, las antiguas afirmaciones han quedado obsoletas. No porque carecieran de un fondo de verdad, sino porque no tenían en cuenta la complejidad del comportamiento humano, su plasticidad y su potencialidad. Por eso **los padres deben proceder con curiosidad y aceptación,** intentar comprender las necesidades de los hijos y ayudarlos a crecer respetando las normas, pero con la consciencia de que, ante todo, hay que saber que las normas existen.

Las emociones, las necesidades y los deseos siempre serán lo primero. Simplemente estamos hechos así: **la educación no es una tarea, es un viaje compartido.**

Una vez **identificada la necesidad** principal, es el momento de **satisfacerla.** Analicemos cómo debe intentarlo un padre.

Pero antes, un debido preámbulo: ¿cómo se *afronta* el comportamiento?

El mayor error es pasar a la fase de satisfacción demasiado deprisa, con el único propósito de *detener* el comportamiento que estás analizando, cuya necesidad subyacente buscas. Estamos programados para cortar el comportamiento de raíz, antes de que se convierta en un problema mayor, para evitar el problema o evitar ser juzgados por quienes nos ven desde fuera.

Exactamente igual que de mayores, cuando respondemos «bien» si nos preguntan cómo estamos, porque no queremos incomodar a nadie.

Exactamente igual a como respondemos proponiendo soluciones, que nadie nos ha pedido, cuando alguien nos dice que no se encuentra bien, y no desea un consejo, sino un minuto para contarnos lo que está yendo mal.

No estamos acostumbrados a encontrarnos en una situación que nos detona, porque nunca se nos ha dado el espacio para mostrar nuestras emociones y aceptarlas.

Piensa en lo mucho que te identificas con estas formas de actuar a la hora de superar un duelo, sea cual sea. El dolor de perder a alguien por su muerte o de separarse del camino recorrido juntos hasta ese momento; el dolor de una traición o de tener que aceptar que alguien no va a cambiar solo porque queramos. El dolor de aceptar que otra persona no es como nos la seguimos inventando (porque desearíamos que fuera verdad), sino exactamente tal como se muestra. Todas las experiencias desagradables y difíciles, que no puedes afrontar y superar porque *haces* de todo menos *habitarlas*. Seguir creyendo que puedes *hacer* algo para afrontar ese vacío perturbador, ese miedo, esa soledad, cuando lo único que realmente podrías *hacer* es *esperar,* en ese espacio, y atravesarlo.

Por ello, hay que crear ese espacio. ¿Y cómo? Estando ahí. Porque, como sabes, el comportamiento es solo la punta del iceberg. El comportamiento es lo que se ve en la superficie, pero son los sentimientos y las necesidades los que lo guían. Por tanto: **estar.** Estar un momento a la escucha de lo que ocurre, observarlo, sentirlo y dejarse ver para estar **presente.**

Si uno se lanza directamente al comportamiento, intentando ansiosamente ponerle fin, lo que se comunicará es: «No me interesan tus sentimientos ni tus necesidades. Solo me interesa poner fin a tu comportamiento, que me hace sentir encendido e incómodo».

Pero hemos dejado claro que al progenitor no debe importarle lo que piensen los demás y que, en cambio, debe preocuparse por el hijo, con quien debe comunicarse, a quien debe comunicar. Este es el centro fundamental.

Prosigamos.

Satisfacer la necesidad de supervivencia: seguridad, protección, certeza de ser vistos y escuchados.

Neonatos y niños: si se percibe a un niño ansioso o inseguro, sería mejor pronunciar palabras como «Estoy aquí», y «Estás a salvo», en lugar de «No ha pasado nada», o «Todo va bien».

¿Qué te pasó si nunca se percibieron tus ansiedades, si se menospreciaron o no se correspondieron? Encontraste estrategias para gestionarlas por ti mismo, reprimiste hasta el fondo, dentro de ti, la posibilidad misma de experimentarlas. ¿No es así?

Adolescentes: su necesidad más profunda en esta etapa es seguramente la seguridad y la protección. En estos años muchas cosas están cambiando. Sus deseos, sus intereses, sus cuerpos y sus relaciones cambian, y puede ser muy inquietante y molesto. Hablar de los límites y las fronteras que deben existir en un entorno sano y seguro es muy importante y los vuelve conscientes de las normas que se han creado para su protección. El punto más importante de todos es el siguiente: durante la adolescencia, como indiqué en el capítulo anterior, **la rebeldía es un punto fundamental, un punto que hay que tocar.** Significa comprender que se puede cambiar, que se puede evolucionar, que se puede llegar a ser autosuficiente. Lo que debe quedar claro es que, pase lo que pase, **el amor de los padres no es una moneda de cambio.**

Si experimentaste esto, si el amor que te dieron tenía condiciones, si debías comportarte de una determinada manera para conseguirlo, y el miedo a perderlo siempre estaba ahí, es hora de llegar a un acuerdo con esta parte de ti.

El amor por un hijo no debe ser condicional; ni él debe creer que lo es.

Sé lo que estás pensando… «¿Y si lo destroza todo? ¿Y si se droga? ¿Y si no me respeta?».

¿Y tú? ¿Lo destrozabas todo? ¿Tomabas drogas? ¿Faltaste al respeto a tus progenitores?

Hay muchas cosas en este libro, incluso aquí, que deberían haberte hecho *ver* que toda comunicación implica una necesidad, y la necesidad nunca es *destrozarlo todo, drogarse o faltar al respeto*. Puedes cambiar esa ruta, puedes intentarlo en tu familia, puedes buscar la ayuda de un terapeuta, para ti, antes que para nadie.

Pero no, no se puede justificar el gesto de inculcar en un hijo el miedo a no ser amado, o a ser abandonado, porque no se comporta como debería. No importa lo que haga.

No puedes ni debes justificar a tus progenitores si te lo hicieron a ti, y no puedes ni debes justificarte como progenitor si lo haces con un hijo.

Ahora te encuentras en la parte más oscura del laberinto, sabes que no queda mucho para el final, sabes que atravesaste su centro hace un rato y que, después de la puesta de sol, la luz se ha vuelto cada vez más tenue y el cielo cada vez más oscuro. Avanzas con dificultad, caminas con incertidumbre, oyes ruidos, susurros, sonidos que no reconoces, zumbidos. Llegas al final de un sendero y encuentras a un pequeño sentado en el suelo, va vestido como Caperucita Roja, tendrá unos dos años, no puedes decir si es una niña o un niño. Pero de alguna manera te resulta familiar, como si lo conocieras.

No parece asustado, mira a su alrededor, luego se mira las manitas, te ve llegar, te sonríe, alarga los brazos hacia ti.

Te gustaría coger en brazos a esa criatura, llevártela contigo, llevarla con sus padres, entender por qué está ahí. Pero no puedes. Debes seguir adelante.

Hay obstáculos, enormes dificultades, errores, caminos llenos de baches que recorrer y hacer recorrer, que dejar atrás, reconstruir, adaptar; de eso no hay duda. Pero si un hijo no tiene la certeza absoluta todos los días de su vida de que, pase lo que pase, uno de sus padres será para siempre un *hogar* para él, pagará las consecuencias durante el resto de su vida: **el dolor**

de tener que ser siempre algo diferente, más amable de lo que es.

Ahora reconoce al pequeño ser humano: eres tú. Eras tú. No puedes evitar que viva todo lo que le va a suceder, pero sabes que la calma, la diversión, la despreocupación y la curiosidad que ves en él le ayudarán a salvarse, incluso cuando estas se vean aplastadas, escondidas, turbadas. Lo conducirán hasta aquí, donde te encuentras tú. Sigue caminando y déjalo detrás de ti; no es refugiándote en tu pasado, creyendo que puedes cambiarlo, como encontrarás tu corazón. Es observando lo que ha existido como trazarás nuevas trayectorias, nuevos senderos menos oscuros, nuevos recodos. Y por esto no te detengas todavía: sal de la parte más oscura.

Satisfacer la necesidad de vínculo: conexión, afecto, amar y ser amados.

- *Neonatos y niños pequeños:* balanceo, movimientos rítmicos, el acunar y por qué los niños no se calman solos. Aquí están todas las respuestas a las dudas más comunes relacionadas con esta fase y necesidad.
- Acunar y balancear a los niños tiene un efecto tranquilizador sobre ellos debido principalmente a la familiaridad con los movimientos rítmicos. Cuando están en el útero, los movimientos del cuerpo de su madre mecen constantemente al niño. Después de nacer, los movimientos de balanceo y el hecho de ser mecidos recrean estas sensaciones familiares, lo que tranquiliza y calma al niño. Además, el movimiento rítmico puede estimular el nervio vago, que regula la respuesta del organismo al estrés y la ansiedad, y produce un efecto calmante.
- Por qué los niños no se calman solos: los neonatos y los niños pequeños ni siquiera han empezado a desarrollar la capacidad de autorregulación, es decir, la capacidad de calmarse de forma independiente cuando se sienten

agitados o estresados. Necesitan la ayuda de las figuras parentales para regular sus sentimientos.

- Por qué los niños vuelven a llorar cuando dejan de mecerlos: después del nacimiento, el mundo exterior puede parecer un lugar impredecible y a veces aterrador para un neonato. Los movimientos familiares le ofrecen una sensación de seguridad y previsibilidad. Cuando estos movimientos cesan, el niño tal vez vuelva a sentirse inseguro o asustado, y puede expresar estas emociones a través del llanto.

No lo hace a propósito, no lo hace para «intentar que lo cojan en brazos», entendido como «quiere engañarme, ya ha tenido su dosis de mimos, ahora debe dormir». No. **Lo hace porque necesita literalmente que lo tranquilicen para sobrevivir.** No es una opción, es una necesidad atávica, ancestral y necesaria.

Adolescentes: aceptar todas las emociones, incluso las de los adolescentes, es un excelente punto de partida para satisfacer esa necesidad de pertenencia. Con demasiada frecuencia, las emociones de un joven adulto se tachan de dramáticas o exageradas, pero un adolescente que muestra emociones es un adolescente que confía en sus padres, en sus cuidadores. Otra buena manera de satisfacer esta necesidad es escuchar y discutir juntos. Fomentar la comunicación. Hacer preguntas que lleven al adolescente a pensar de forma crítica y a llegar a una conclusión madura.

Durante la adolescencia, los jóvenes atraviesan un periodo de crecimiento y cambio significativos: se vuelven más independientes y forman su identidad. Aumenta la importancia de los compañeros. Se enfrentan a una gama más amplia de emociones y retos. En consecuencia, la necesidad de conexión, afecto y de sentirse queridos es muy relevante.

Cuando un adolescente muestra emociones, es un momento precioso para construir un vínculo fuerte. Es una señal de que busca comprensión, validación y apoyo. No importa lo intensas o «dramáticas» que sus emociones parezcan a ojos de los adultos, es crucial responder con empatía y respeto.

Recuerda que lo que tal vez parezca un problema menor para un adulto puede ser un problema muy grave para un adolescente. Ser escuchados no solo responde a su necesidad de *existir,* sino que también lo ayuda a desarrollar una mejor regulación emocional y habilidades para resolver problemas.

Otra forma eficaz de satisfacer la necesidad de vínculo en la adolescencia es fomentar la comunicación sincera. Establecer un entorno en el que todos (adultos y no tan adultos) se sientan libres para expresarse refuerza el vínculo y favorece el desarrollo emocional y social.

Formular preguntas abiertas que fomenten la reflexión es una herramienta potente en este proceso. Preguntar *cómo estás,* preguntar *dónde* estás.

«¿Cómo te sentiste cuando ocurrió?» o «¿Cómo te sientes ahora, hablando de ello?» o «¿Cuál es su opinión al respecto?».

Este tipo de preguntas favorece el pensamiento crítico, ayuda a formar opiniones y valores personales y hace que uno se sienta respetado y apreciado.

Por último, encontrar tiempo de calidad que pasar juntos. Compartir una comida, dar un paseo, ver una película o jugar: estas actividades ofrecen la oportunidad de **crear recuerdos compartidos.**

Sé que no tienes tiempo, sé que sientes cansancio, lo sé. Pero se puede hacer en momentos que ya tenéis, te lo aseguro. Esto, implícitamente, hace arraigar la idea, en toda la familia, de que se puede dedicar atención de modo asertivo a alguien a quien se quiere, que esto no es un obstáculo para la propia felicidad; al contrario, es un enriquecimiento. La adolescencia es un periodo turbulento, lleno de *crisis.*

Sin embargo, *crisis* procede del griego κρίσις *(krísis),* que significa 'decisión'. En la antigua Grecia, se usaba para indicar un punto de inflexión o un momento crítico en una situación en la que se debía tomar una decisión que determinaría un resultado futuro. Desde entonces, este término se ha adoptado en muchas otras lenguas, incluido el español, para indicar un momento de inestabilidad, cambio o dificultad.

Pero recuerda que crisis también significa 'elección'. ¿Cuál es la tuya? Coge el lápiz y escríbelo.

En una situación de crisis quisiera elegir…

Satisfacer la necesidad de independencia: existir a los ojos del otro, tener habilidades, saber hacer, saber decir, saber comunicarse.

Disipemos otro mito: lo que en inglés se llama los *terrible two,* y que en español podríamos traducir como «los terribles dos años». Pues bien, lo cierto es que no existen.

Si dijeron de ti que fuiste un «niño terrible», te aseguro que no tuviste ninguna culpa. Entendamos por qué.

El término *terrible two* se usa a menudo para describir una etapa del desarrollo en la que los niños empiezan a poner a prueba los límites y a afirmar su independencia. Esto puede implicar comportamientos difíciles, como la oposición, que resultan estresantes para los padres.

Un padre que no ha logrado comprender que toda comunicación esconde una necesidad se desespera cuando el niño se acerca a los dieciocho meses.

Puede que también hayas oído decir a tu familia: «Hasta los dos años eras un encanto, luego te convertiste en una calamidad insoportable».

Los niños en ese periodo siempre parecen decir no, parecen determinados a superar ciertos límites y detonantes que un padre intenta «explicar» al hijo, que no quiere que se sobrepasen (ya hemos visto juntos lo incoherente que es esto con la capa-

140

cidad de un niño de esa edad para leer el mundo). Una y otra vez. Corren por todas partes, imploran salir, aunque fuera haga dos o treinta grados y, si se les dice que no, parecen sufrir un ataque de nervios. La sensación constante es que no escuchan, que siempre hay que pedirles algo varias veces antes de que lo hagan, y que prácticamente todo lleva a una explosión emocional, a un *time-out,* a una pelea llena de gritos y juegos de poder y derrotas; parece, en definitiva, que *lo hacen a propósito* —y es verdad, pero no en el sentido que se piensa. No hacen cualquier cosa para hacer daño, sino que hacen cualquier cosa (realmente cualquier cosa) para ser vistos y ayudados, y nada funciona.

Los «terribles dos» son en realidad una de las construcciones sociales más disfuncionales, utilizada para echar la culpa a los hijos y quitar la responsabilidad a los padres.

Profundicemos en esto.

Punto 1: **Los niños pequeños tienen que decir «no».** Es una parte necesaria de su desarrollo. Es una crisis de autoafirmación. Se reconoce porque suele ir acompañada del uso por parte del niño del pronombre «yo».

Punto 2: **Los niños pequeños necesitan moverse.** Se comportan como animales enjaulados si se los trata como tales. Están ejercitando su cuerpo, moviéndose e intentando dominarlo. Si no tienen espacio para ponerse a prueba, igual que los adultos, experimentarán frustración. Una frustración, sin embargo, que les resulta imposible gestionar, expresar, comprender y regular.

Punto 3: **Los niños pequeños necesitan tiempo para procesar lo que se les dice.** Por eso, cuando se les hace una petición, cuando se les pide que hagan algo y no actúan al instante, y se les pide una y otra vez, acaban frustrándose. En ese momento, los padres creen que sus hijos no son *obedientes,* pero los niños en realidad no «pueden» escuchar. Están intentando escuchar y actuar según lo que se les pide, por lo que en esencia intentan *elaborar* informaciones, y hacer estas cosas al mismo tiempo no está aún ni siempre a su alcance.

Punto 4: **Los niños pequeños necesitan orden y coherencia,** prefieren que las cosas sucedan a diario de forma predecible, en una rutina muy sencilla, con las mismas reglas que seguir. Les ayuda a comprender el mundo que los rodea, les ayuda a entender lo que pueden esperar de la vida y de los demás. Si las reglas que se establecen son del todo incoherentes, intentarán ponerlas a prueba: es su forma de comprenderlas, *verlas,* procesarlas y hacerlas suyas. Si por el otro lado (en ti) encuentran frustración y más incoherencia, si las personas de su familia estallan enseguida, cambian de humor súbitamente, etcétera, lo vivirán como una experiencia confusa, aterradora. Buscarán estrategias alternativas para crear patrones, rutinas, incluso de forma obsesiva. Para prever *cualquier* cosa que ocurra; empezarán de niños y, si quedan sin resolver, con estas grietas en su muro, puede que sigan haciéndolo cuando crezcan.

Notarán los más mínimos cambios en el estado de ánimo, en el sonido de los pasos, en la forma de moverse, en las expresiones faciales o en el tono de voz de sus figuras parentales (y, cuando crezcan, de todos los demás).

Para sentirse seguros, para evitar los gritos, los arrebatos, el dolor físico o incluso solo el dolor psicológico de no sentirse nunca a resguardo, de no saber nunca lo que ocurrirá, se convertirán de mayores en lo que de manera errónea se llama «empáticos» o «sensibles» o «multipotenciales», y en realidad solo están continuamente en la fase de *lucha o huye,* intentando no sucumbir a su impotencia; experimentando una y otra vez dónde pueden sobresalir, sin saber leer quiénes son, sus experiencias y en qué son buenos o no.

Como padre, la responsabilidad es ser el guardián del pequeño mundo del pequeño ser humano, hacer que las cosas sean coherentes y tener paciencia cuando se está aprendiendo, así como cuando sobrepasan los límites, límites que deben ser claros y repetibles, para que se sientan seguros en su propio espacio.

Por tanto, aunque los *terrible two* pueden parecer muy reales para un padre que trata con un niño preso de una necesidad que no comprende, bajo una comunicación que no *ve* y que, por tanto, considera un capricho, desde el punto de vista del desarrollo es una parte normal del crecimiento infantil.

Los «terribles dos» son una mentira. Una construcción social. Algo creado en la narrativa común, sin medios aún de comprensión del desarrollo infantil, para culpar a los niños de una parte difícil y sagrada de su desarrollo. Porque sí, es una parte difícil. Es difícil para los padres caminar sobre una alfombra interminable de detonantes, es difícil poner límites a un ser humano hiperemocional e hiperreactivo (híper para los adultos, no para él). Lo es.

Sin embargo, desde la perspectiva del desarrollo, esa etapa es una parte indispensable del crecimiento del niño. Los niños están empezando a comprender que son individuos separados de sus padres y exploran su capacidad para tomar decisiones y tener un impacto en su mundo. Este proceso es crucial para el desarrollo de un sentido sano del yo, de la autonomía y de la capacidad de tomar decisiones.

Satisfacer la necesidad de libertad: poder elegir.

Neonatos: ofrecer opciones, incluso en las primeras etapas, puede ser una forma magnífica de satisfacer la necesidad de libertad de un niño. A medida que crecen y empiezan a aprender habilidades como rodar, gatear y estar de pie, es bueno darles el espacio necesario para cometer errores con seguridad, de modo que puedan aprender el principio de causa-efecto.

Niños: las elecciones son importantes en esta etapa. Los niños más pequeños, en particular, se están volviendo autónomos y su necesidad de independencia emerge con fuerza en estos años. Ofrecer dos o tres opciones puede satisfacer esta necesidad de libertad y ayudar al niño a sentirse visto, apreciado y comprendido. Otra forma excelente de satisfacer esa necesidad de libertad es darle tareas más difíciles, como hacerle llevar una taza llena de agua y que aprenda a beber de ella. Verter y ensuciar, como hemos dicho, es una parte fundamental del desarrollo cognitivo en estos años.

Adolescentes: mostrar cierta confianza a un joven adulto es una buena manera de satisfacer su necesidad de libertad e independencia. Si hace algo que rompe la confianza, hablarle respetuosamente de su elección y del efecto que tiene en los demás y discutir por qué es necesario quitarle parte de su libertad hasta que se confíe de nuevo en su capacidad para valerse por sí mismo (no el amor, que permanece, sino la confianza), es una forma de explicarle las normas, no de imponérselas. Es una manera sana de entender el principio de causa y efecto (también para ti), que no implica castigo.

¿Cómo era en tu casa? Toma este recuerdo que encuentras aquí y hazlo tuyo.

Quiero que tomes lo que escribo a continuación y, por un momento, lo hagas completamente tuyo; imagina que lo has vivido. Por un instante, sustitúyelo por lo que realmente te sucedió.

Tu familia ha establecido una rutina respecto a las tareas domésticas y a ti te toca fregar los platos. A la hora de la cena todavía no lo has hecho. Te dicen: «Oye, me he dado cuenta de que aún no has fregado los platos. ¿Hay algún motivo? ¿Has tenido un día duro? ¿Te sientes desmotivado?». El objetivo ha sido dirigirse a ti con respeto y no con escarnio. Como adultos, también era normal que tus padres se sintieran abrumados y desmotivados, por lo que abrir la conversación a estos sentimientos ha permitido que se produzca un momento de intercambio útil también para ellos, en lugar de una lucha de poder.

Quieren que seas capaz de tomar la decisión correcta incluso cuando ellos no estén presentes.

Las luchas de poder por las tareas cotidianas de este tipo a menudo llevan a los hijos, cuando son adultos, a no hacerse cargo de las tareas necesarias, porque siempre se les ha obligado a hacerlas. Esa pareja que nunca guarda la ropa, ese colega que nunca se responsabiliza, esa amistad que solo tiene parejas que le hacen de padre, etcétera. Exacto, también fueron adolescentes una vez y alguien les obligó a *hacer*, sin *explicarles* por qué su contribución era importante y marcaba la diferencia.

Usa esta historia por un momento todavía y piensa: «Por suerte, para mí fue distinto».

Te toca fregar los platos, pero has tenido un día difícil en la escuela y te sientes desmotivado. Lo explicas y te contestan: «Entiendo que puedes sentirte abrumado y desmotivado. Yo también me siento así a veces y necesito un descanso extra. Aun así, si no lavas los platos esta noche, tendrás que lavar los de hoy y los de mañana, por muy abrumado que te sientas mañana. Está bien tomarse un descanso extra, pero demasiado descanso genera pereza. ¿Qué prefieres hacer: lavar los platos esta noche o mañana?». Así has podido aprender la diferencia entre consecuencia y castigo: la correlación. Si no lavas los platos hoy, pero hay que lavarlos, los lavarás mañana, porque es tu tarea. Esta consecuencia es correlativa, razonable y respetuosa y, al darte la oportunidad de tomar una decisión autónoma, te han ayudado a hacerte cargo de tus elecciones. Si te hubieran dicho: «Si no lavas los platos hoy, no te dejaré jugar a la PlayStation», no habría habido correlación, solo una toma de posición. Compensar un agravio que sentían que les habían hecho cometiendo uno contigo. Pero, por suerte, a ti no te ocurrió.

Ahora, de nuevo, toma este otro recuerdo y hazlo tuyo, de la misma manera. No te distraigas.

Vuelves a casa después de la hora fijada sin haberles informado de antemano de que llegas tarde. Llegas y te dicen: «Has llegado tarde a casa sin decirnos por qué. Nos hemos preocupado mucho al no saber nada de ti y tendremos que hablarlo mañana después de que todos hayamos descansado». Dormir les permitirá calmarse. Al día siguiente, se dirigirán a ti con tranquilidad y respeto y te dirán: «Anoche estábamos muy preocupados por ti y nos parece una falta de respeto que no nos avisaras de que ibas a llegar tarde. ¿Hubo alguna razón por la que no nos mandaras un mensaje o nos llamaras?». Escuchan tu respuesta sin interrumpir.

Les cuentas el motivo por el cual no pudiste ponerte en contacto con ellos (teléfono móvil averiado, batería descargada, etcétera), discuten contigo las opciones para evitar que esto ocurra en el futuro y encontráis juntos una solución.

Les cuentas que se te olvidó o que no te pareció importante ponerte en contacto con ellos para avisarlos (mostrando irresponsabilidad); deciden imponer una consecuencia afín, razonable y respetuosa. Te dicen: «Lo entendemos». Ahora bien, la confianza es muy importante en cualquier relación y tú has suspendido temporalmente la confianza que podemos depositar en ti en situaciones como esta. Porque podrías poner en riesgo tu seguridad. Volverás a casa media hora antes de lo que antes habíamos fijado, y si nos demuestras que lo cumples con responsabilidad durante una semana, podrás volver a salir hasta media hora más tarde. Queremos que tengas más libertad, pero también queremos que te conviertas en un adulto responsable. Gracias a este comportamiento, ves la *correlación*. Si no avisas de que no volverás a una hora determinada porque se te ha olvidado, la libertad que tenías es demasiada para ti: podrías exponerte a algo desagradable y los que te cuidan podrían no saberlo a tiempo para ayudarte, porque el hábito de avisarles no ha arraigado. Si, por el contrario, a cambio de un olvido, te obligaran a renunciar a algo que no tiene nada que ver con eso, solo ejercerían una forma de poder, no su derecho y su deber de fijar un horizonte de normas y consecuencias.

Luego crearon contigo un «privilegio incremental»: una lista de acuerdos que explican cómo cada elección de comportamiento positiva permite obtener más privilegios. Por ejemplo, al volver a casa a la hora fijada durante un mes consecutivo, no solo te devolvieron el anterior, sino que además se prolongó quince minutos más. Al mantener limpia tu habitación durante toda una semana, has obtenido tiempo extra para hacer lo que quieras. No has recibido recompensas por lo que *hiciste,* sino por la *madurez* que has demostrado: han aumentado así tus posibilidades de sentirte seguro y **sobrevivir,** lo que ha fortalecido el **vínculo** de confianza que tienes con ellos, te ha vuelto **independiente** y te ha hecho sentir **libre,** competente y **feliz.**

Lo sé, no fue así, y leer cómo podría haber sido abre otra puerta.

La de la ansiedad incontrolada.

Es casi el amanecer y estás cerca de la salida, lo notas porque la naturaleza es cada vez más escasa. Elegir el viraje correcto resulta cada vez más fácil, tu paso es rápido, disfrutas del aire fresco de la mañana y de la luz clara del cielo despejado. Hay una puerta entreabierta, la empujas y entras, te encuentras en un lugar que reconoces, miras a tu alrededor y lo ves. Ahí está tu muro.

Te detienes frente a él, lo miras, está más limpio, la pintura es más lisa, en algunos lugares es nueva, las partes más dañadas han sido parcialmente reparadas, algunas grietas ya casi no se notan, otras han permanecido ahí y las ves. En el centro del muro cuelga un cartel, nuevo, impreso con una sola palabra: desafío.

El *desafío,* la actitud de desafío que esconde una ansiedad incontrolada, una sensación de profunda falta de respeto y desconexión. Recuérdalo una vez más: todos los comportamientos comunican un sentimiento y todos los sentimientos comunican una necesidad.

Piensa en las ocasiones en que, como adulto, tienes o has tenido la tentación de actuar de forma provocativa.

¿Cuál fue la emoción que te empujó al desafío? ¿Tenías necesidades insatisfechas en esa relación? ¿Contabas con la experiencia vital o la inteligencia emocional para procesar de manera adecuada lo que sucedía o necesitabas la ayuda de alguien para hacerlo?

¿Con qué emociones luchabas cuando eras adolescente? ¿Cuáles de tus necesidades no se satisficieron?

Solo conociendo estas respuestas puedes aceptar lo que te ocurrió. Intenta escribirlas.

Crees que pasó así:

_____

_____

_____

_____

Coge el cartel en la mano y arráncalo de la pared. Ya no llevas la maleta contigo, pero has guardado el lápiz en el bolsillo; lo coges y escribes esta frase en el reverso del cartel:

UN HIJO REBELDE NO ESTÁ RECIBIENDO AMOR.

Vuelve a colgar el cartel, da unos pasos atrás para observarlo.

Un hijo rebelde no recibe amor. O al menos, no un amor que comprenda.

Concéntrate en la forma en que te has sentido amado a lo largo de la vida.

La ansiedad deriva de muchas cosas, una de las cuales es sentir que no se ha estado a la altura, a pesar de creer que era obvio estarlo.

Y esto siempre ha permanecido instalado dentro de ti, porque en el estilo de crianza que caracterizó tu infancia y adolescencia, se premiaba el resultado, se castigaba el error. Del recorrido y el esfuerzo, nadie se preocupaba.

Te diriges hacia la salida. Tu trabajo aquí ha terminado por hoy. Lee en voz alta una vez más:

Mis esfuerzos son válidos, no solo mis resultados.

«Me estoy esforzando mucho», en lugar de «No lo estoy consiguiendo», o «Tengo algunas buenas ideas. Estoy deseando probar alguna», en lugar de «Lo he hecho bien».

«No ataré más el hacer al ser, no soy solo lo que hago; de lo contrario, seguiré creyendo que me aman solo por lo que llevo y no por cómo soy».

La puerta de salida del laberinto se encuentra frente a ti. Siempre ha estado ahí, junto al arco de la entrada, pero antes no lograbas verla. Te das la vuelta, observas tu muro, tu mirada se posa en todo. Sabes que debes irte, que has mirado tu pasado: es hora de volver al presente, con todo lo nuevo que necesitas llevarte. Pones la mano en la manija de la puerta.

No intentes lidiar con el pasado que has *visto* en un día, una semana o un mes. Aprende a entender dónde mirar dentro de ti, obsérvalo, vive esa emoción, *quédate ahí,* aunque duela. Vuélvete constante, luego observa, *mira* en otra parte y repite el proceso.

Y no tengas miedo si sientes fatiga y disgusto. Cada vez que se aprende algo nuevo, hay un proceso doloroso y a menudo aterrador. Tal vez te caigas, pero caer no significa fracasar.

Caer no significa fracasar. Caer solo significa caer.

Tendrás que levantarte después de algunos baches: pídete disculpas tantas veces como sea necesario. Pídete disculpas si tus viejas costumbres han vuelto a aparecer, **recibirás así disculpas por cada vez que antes no se te haya ofrecido algo tan respetuoso y amable.**

No dejes a los demás —los que habitan en tus pensamientos— la posibilidad de elegir las formas en que te comportas. No utilices sus movimientos disfuncionales en lugar de los tuyos. Renuévate, incierto, aún por descubrir, pero tuyo.

La manilla gira, la puerta se abre.

Eres tú quien elige, eres tú el que pruebas algo diferente: no se hace en un día. Las viejas costumbres son difíciles de abandonar. Es muy probable que recaigas en ellas, y no pasa nada. Cuando ocurra, pídete disculpas. El simple reconocimiento de los propios defectos es una forma eficaz de aprender a asumir la responsabilidad de *tus* actos.

Habría sido extraordinario que lo hubieran hecho contigo, ¿no?

Así que no te rindas: la única forma de *errar* es rendirse. Si crees de todo corazón que así obtendrás más beneficios a largo plazo, merecerá la pena.

Pones un pie fuera, luego el otro. Cierras la puerta detrás de ti; fuera del laberinto, en la calle de tu casa hay un banco y, junto a él, en el suelo, una maleta nueva. La coges y la levantas, es bonita y ligera. La abres: está casi vacía. Decidirás con qué llenarla, qué llevar siempre contigo. Por ahora dentro solo encuentras este libro, lleno de apuntes; lo hojeas hasta esta página, coges el lápiz y escribes.

Escribe lo que te gustaría recordar, el día que tengas ganas de rendirte:

_____

_____

_____

_____

Buen regreso a casa y hasta mañana.

13

sobre la puerta del laberinto

¿cómo se llega a ser feliz?

Hemos afrontado muchas cosas hasta aquí. Muchas cosas por *ver*, muchas cosas que interpretar de forma diferente, un montón de ruidos viejos, pero sobresaltos nuevos.

Y, con toda esta información, ahora debes *vivir*.

Y para poder usar lo que has leído hasta aquí, volverás muchas veces a tu muro y a sus grietas. Las que puedes ver ahora, las que duelen, las que sabes que están ahí y las que aún no has encontrado, pero, eh, si algo sigue yendo mal, ahora lo sientes con fuerza en los huesos.

Quizá sabías que tarde o temprano llegaríamos aquí, al punto en el que ya no puedo seguir acompañándote, porque ahora el camino es tuyo.

Pero prométeme que recordarás que, si todo duele demasiado, no pasa nada por superarlo con la ayuda de alguien, alguien que no sea yo y ni siquiera otro libro.

Porque **para todo aquello que no puedas superar, la psicoterapia es la única opción posible.** El camino que te lleva desde donde estás ahora, con un bagaje de conocimientos nuevos y una maleta lista para llenarse de maravillas, hasta donde quieres llegar podría estar de nuevo lleno de escollos.

Esto se debe a que mucho de lo que has encontrado en este viaje no es tuyo, y a estas alturas ya lo sabes. Nunca lo fue.

No son tus palabras las que te acusaron, humillaron, avergonzaron, quebraron.

No fueron elecciones tuyas preferir a alguien antes que a ti, las de hacerte sentir siempre menos capaz, menos brillante.

Nunca fue tu elección cargarte con la convicción de que tu cuerpo, sea cual sea la forma que tenga, no es válido.

Tuyos son, en cambio, esos pensamientos amables que traes al mundo, para quien sea. Los sentimientos complejos que no sabes explicar, pero que aun así apoyan a cualquiera que te necesite. Tu irreprochable deseo de salir adelante, de aprender a ser feliz, eso sí es tuyo.

Y si son cosas que han estado atrapadas bajo el dolor durante demasiado tiempo, si no puedes deshacer los nudos y ya no quieres seguir fingiendo que puedes arreglártelas por ti solo, tienes derecho a pedir ayuda.

Porque pedir ayuda significa luchar un día más con la ayuda de un ejército, en lugar de con un destornillador.

No es cierto que estés solo, no es cierto que debas salir adelante solo con tus fuerzas, no es cierto que tu pasado sea lo único que importa: **tú importas más que el dolor que te hicieron sentir, mientras aún no sabías que podías sobrevivir al dolor.**

Y, de hecho, aquí estás.

Con el *valor,* el valor de distinguir los pensamientos que te pertenecen de aquellos que derivan de mecanismos y estructuras que, dentro de ti, como un legado, se incrustaron en tus venas.

El valor de elegir, de elegirte a ti, cada día.

Porque la única forma real de aprender a amarte a ti mismo es eligiéndote a ti. Igual que elegirías al gran amor de tu vida.

Dar espacio a tu cuidado, a tu sanación, a tu distanciamiento de aquellos que *no quisieron arruinarte la vida,* que tuvieron buenas intenciones pero fracasaron en lo que *tú,* con tanta paciencia, lees en estas páginas.

Por desgracia, no importa cuánto ames a quienes te hicieron daño, nunca habrá forma de cambiarlos: **no importa cuánto ames a alguien, eso no lo hará mejor.**

Solo tú puedes tirar los escombros que hay dentro de la maleta, solo tú puedes cerrar los ojos y respirar, solo tú puedes trepar, cruzar el bosque, los senderos, abrir puertas, aprender a nadar.

Solo tú puedes elegir.

Estoy aquí, esperándote, para darte un abrazo, una vez fuera del agua, y decirte que conocerte ha sido un gran privilegio, un honor que la vida me ha concedido, por el que no puedo hacer sino darte las gracias, con las manos llenas de asombro.

Por fin estás aquí, sin más cargas en el corazón.

Agradecimientos

Los míos son para ti, *viajero:* más aún que en cualquiera de mis otros libros o contenidos, has recorrido un camino agotador, doloroso e implacable. ¿Qué puedo hacer sino darte las gracias por aguantar, con el objetivo de poner en el mundo algo mejor que lo que te han dejado? Gracias. Tu corazón generoso es mi esperanza.

A ti, Francesco: te quiero mucho, estoy orgullosa de ti. Tu laberinto se hace cada día más grande, pero nunca te rindes, siempre te estoy esperando, aquí fuera, con una rosa en la mano y una sonrisa así de grande que dice «estoy orgullosa de ti».

A ti, mami: no podría escribir lo que escribo si, además de tus errores, no te hubieras dado cuenta también de la capacidad de intentar cambiar, por amor a una hija cansada de sufrir por nunca ser *vista*.

Para Nancy: no hay persona en el mundo más capaz que tú. Tú eres la certeza de que los superhéroes y las superheroínas existen. Tú los entrenas.

Al doctor Marco Guadalupi —mi psicoanalista— una vez más. Porque sin él no habría sido posible *ver* nada de mí.

A Mariarosa, Stefano, Rino, Francesca, Alice, Margherita, Frulli y Gianluca, gracias por haberme acogido con cariño, y por seguir haciéndolo: vuestro trabajo pone el mío en condiciones de ser visto y leído. Y no podría desear nada más de la vida.

Gracias, una vez más, por buscar un camino conmigo, todos los días.

Como siempre, estoy a vuestro lado y os quiero,

BEA

Notas

Capítulo 1 - sobre tu maleta

1. La improvisación teatral moderna tiene sus raíces en muchas tradiciones, incluida la *commedia dell'arte,* pero uno de sus principales desarrollos proviene de Canadá.

Keith Johnstone, un influyente innovador en la improvisación teatral, fundó en los años setenta, en Calgary, el *theatresports,* una forma de improvisación basada en los conceptos de competición y juego.

El teatro de improvisación moderno puede adoptar muchas formas, pero en general se basa en la creación espontánea de historias y personajes sobre el escenario, sin un guion predeterminado. En su lugar, los actores confían en las sugerencias del público o en las ideas que surjan entre ellos para guiar la dirección de la representación.

He aquí algunos principios clave de la improvisación teatral moderna:

- Decir sí *(Yes, and):* se trata de una regla básica de la improvisación, en la que se acepta lo que el otro actor ha introducido («sí») y luego añade algo propio («y»). Esto permite que las historias fluyan y se construyan juntas.
- Escucha activa: los actores deben estar plenamente presentes y escuchar con atención lo que dicen los demás para responder con autenticidad.

- Respeta a los demás compañeros de escena: esto es crucial para crear un entorno seguro en el que los actores puedan asumir riesgos y apoyarse mutuamente.
- Disposición para adaptarse: como no hay guion, los actores deben estar preparados para cambiar de dirección en cualquier momento.
- Compromiso: los actores deben comprometerse por completo con sus personajes e historias, por absurdos o improbables que sean.

Los formatos de improvisación pueden variar mucho, desde breves *sketch* llamados «escenas» hasta largas formas narrativas. Las representaciones pueden incluir elementos musicales, hasta el punto de convertirse en auténticos musicales improvisados. A pesar de su apariencia de espontaneidad, la improvisación requiere una preparación y una práctica considerables, y los actores suelen entrenarse juntos para desarrollar una fuerte conexión y comprensión mutua.

Capítulo 2 - sobre tu familia

1. El concepto de *fight-or-flight, lucha o huye,* en psicología y biología describe la respuesta automática del organismo ante las amenazas percibidas. Esta expresión fue acuñada por el fisiólogo estadounidense Walter Bradford Cannon en los primeros años del siglo xx. Hace referencia a las dos formas en que los animales (incluidos los humanos) tienden a responder ante situaciones peligrosas: *luchando o huyendo.*

Sin embargo, la respuesta de *congelación (freeze)* es otra reacción común ante el peligro. Esta respuesta puede verse como una especie de inmovilidad temporal, un intento de «hacerse el muerto» para evitar atraer la atención de un depredador potencial. Algunos investigadores prefieren utilizar la expresión *fight-flight-or-freeze,* para incluir esta tercera reacción posible.

La razón por la que no oímos hablar tanto de la respuesta de congelación como de la respuesta de *lucha o huye* se debe probablemente a que el concepto original de *fight-or-flight* echó profundas raíces en la psicología y la biología. Sin embargo, la comprensión moderna de las respuestas al peligro reconoce la congelación como una respuesta válida y común.

2. El sistema nervioso autónomo (SNA) es un componente del sistema nervioso periférico que controla funciones corporales involuntarias y subconscientes como el ritmo cardiaco, la digestión, la dilatación de las pupilas, la sudoración y otros procesos fisiológicos. El SNA consta de dos subsistemas principales: el sistema nervioso simpático y el sistema nervioso parasimpático.

El sistema nervioso simpático (SNS) es la parte del SNA que prepara al organismo para la acción en respuesta a una amenaza o estrés, y es responsable de activar el mecanismo de *lucha o huida*. Cuando el SNS se activa, libera norepinefrina (también conocida como noradrenalina) como su principal neurotransmisor. Esto provoca una serie de cambios fisiológicos, como el aumento de la frecuencia cardiaca, la aceleración de la respiración, la dilatación de las pupilas, el aumento de la sudoración y la liberación de glucosa del hígado al torrente sanguíneo para proporcionar energía extra a los músculos.

Por el contrario, el sistema nervioso parasimpático (SNP) se encarga de devolver el cuerpo a un estado de reposo después de que haya pasado una amenaza. Cuando se activa el SNP, el cuerpo comienza a relajarse: el ritmo cardiaco y la respiración disminuyen, las pupilas se contraen y la energía se desvía hacia funciones reparativas y de mantenimiento, como la digestión y la recuperación muscular.

En resumen, los sistemas nerviosos simpático y parasimpático trabajan juntos como un sistema de control equilibrado, lo que asegura que el organismo responda de manera adecuada a las distintas situaciones, tanto si requieren una acción inmediata como un periodo de descanso y recuperación.

3. Las áreas cerebrales implicadas en la empatía incluyen la corteza prefrontal, la ínsula anterior, la amígdala y otras regiones del sistema límbico. Estas regiones cerebrales desempeñan un papel clave en la comprensión de las emociones de los demás, en la percepción de las sensaciones físicas y en la toma de decisiones.

Desde el punto de vista de los neurotransmisores, la oxitocina se asocia a menudo con la empatía. Esta hormona neurotransmisora interviene en diversos comportamientos sociales y afectivos, como la confianza, el apego y la empatía. La oxitocina se libera en respuesta a diversos estímulos sociales y puede contribuir a reforzar las respuestas empáticas.

Capítulo 3 - sobre el muro

1. Un terapeuta cualificado puede ayudarte a navegar por estos recuerdos traumáticos en un entorno seguro y controlado, proporcionándote las herramientas y el apoyo necesarios para procesar estas experiencias y comenzar el proceso de curación. Pero este proceso también debe tener lugar a un ritmo que sea apropiado y seguro para ti. No es una carrera, sino un viaje que debe hacerse con cuidado.

Capítulo 8 - sobre incendiarse

1. La corteza prefrontal es una parte del cerebro situada en la parte anterior del lóbulo frontal, y está implicada en funciones cognitivas superiores como la planificación, el razonamiento, la toma de decisiones y la inhibición del comportamiento impulsivo.

2. La amígdala es una parte del cerebro humano situada en el lóbulo temporal y forma parte del sistema límbico, un conjunto de estructuras cerebrales que interviene en la regulación de las emociones, la memoria y funciones autónomas como la digestión y la respiración.

La amígdala está formada por dos amígdalas, una por cada hemisferio cerebral, y tiene forma de almendra. Está compuesta por varios núcleos, o grupos de neuronas, que se comunican con otras partes del cerebro. La amígdala es fundamental para el procesamiento de las emociones, sobre todo las relacionadas con el miedo y la ansiedad. También interviene en la modulación de la memoria emocional y en la evaluación de estímulos emocionalmente relevantes, como las expresiones faciales o las situaciones de peligro.

3. La amígdala y la corteza prefrontal interactúan entre sí para regular y modular nuestras emociones, el pensamiento y el comportamiento.

La amígdala y la corteza prefrontal se comunican a través de conexiones neuronales bidireccionales, lo que significa que se envían señales mutuamente. Esta interacción es importante para el control de las emociones y la regulación del comportamiento.

Cuando se produce una situación con carga emocional, la amígdala procesa esta información y envía señales a la corteza prefrontal. La corteza prefrontal, a su vez, evalúa el contexto y las consecuencias de las acciones y, si es necesario, puede modular la respuesta emocional de la amígdala. Por ejemplo, puede inhibir una respuesta excesiva de miedo o ansiedad si se da cuenta de que la situación no es realmente peligrosa.

Por otro lado, la corteza prefrontal también puede enviar señales a la amígdala para modular nuestra percepción de las emociones y nuestra reacción a los estímulos emocionales. De este modo, la corteza prefrontal ayuda a regular las emociones y a adaptar nuestro comportamiento a las situaciones a las que nos enfrentamos.

En síntesis, la amígdala y la corteza prefrontal trabajan juntas para procesar, evaluar y regular nuestras emociones y nuestro comportamiento en respuesta a los estímulos emocionales y las situaciones que se nos presentan.

4. La noradrenalina, también conocida como norepinefrina, es un neurotransmisor producido en el sistema nervioso central y la médula suprarrenal como parte del sistema de respuesta al estrés del organismo. Esta sustancia química desempeña un papel clave en diversas funciones fisiológicas y psicológicas.

Desde un punto de vista fisiológico, la noradrenalina interviene en la respuesta del organismo al estrés, la famosa modalidad de *fight-or-flight* de la que ya hemos hablado. Cuando el cuerpo percibe una amenaza o un estrés, la noradrenalina se libera en el torrente sanguíneo, lo que provoca una serie de cambios en el organismo, como el aumento de la frecuencia cardiaca, la presión arterial, el azúcar en sangre y el flujo sanguíneo en los músculos. Estos cambios preparan al organismo para hacer frente a la situación estresante, ya sea una amenaza física o un desafío emocional.

Psicológicamente, la noradrenalina interviene en la regulación de la atención, la vigilancia y el estado de alerta. Desempeña un papel importante en el mantenimiento del estado de vigilia y en la concentración de la atención. Además, la noradrenalina puede afectar al estado de ánimo e incluso se ha relacionado con la exacerbación de los síntomas de depresión y ansiedad, cuando los niveles de este neurotransmisor pueden estar desequilibrados.

Por último, es importante señalar que, aunque la noradrenalina es necesaria para la respuesta de *fight-or-flight* y para mantener la atención y el estado de alerta, unos niveles excesivamente altos de este neurotransmisor pueden provocar una serie de complicaciones en individuos predispuestos, como hipertensión, ansiedad y estrés crónico.

5. «Cólera crónica» e «ira» pueden entenderse de formas ligeramente distintas en el contexto de la psicología.

La «rabia crónica» se refiere a una experiencia prolongada de ira. Es un sentimiento persistente que puede durar semanas, meses o incluso años.

Por otro lado, «ira» es un término que puede utilizarse para describir una expresión intensa de rabia. La ira puede ser un estallido de rabia que resulta de una ofensa o injusticia percibida. Suele ser una emoción más intensa y menos controlada que la rabia.

Es importante señalar que los términos «rabia» e «ira» pueden utilizarse de distintas maneras según el contexto y la perspectiva individual. Algunos utilizarán los términos indistintamente, mientras que otros (como hago yo) especifican el significado que se les atribuye.

Capítulo 9 - sobre los hijos

1. La racionalización es un mecanismo de defensa psicológico que implica la creación de explicaciones lógicas o racionales para justificar comportamientos, sentimientos o acontecimientos que de otro modo podrían resultar inaceptables o desconcertantes.

Por ejemplo, si una persona suspende un examen, tal vez racionalice el hecho diciéndose a sí misma: «En realidad no necesito ese examen para mi futuro trabajo, así que no importa si lo he suspendido». Lo cierto, sin embargo, es que la persona quizá se sienta muy decepcionada por su fracaso, pero usa la racionalización para evitar enfrentarse al dolor o la humillación.

La racionalización permite a las personas proteger su sentido de la autoestima y evitar sentimientos de culpa o vergüenza.

De este modo, actúa como un amortiguador contra la ansiedad o el estrés que de otra forma podrían surgir al enfrentarse a realidades o sentimientos difíciles.

Sin embargo, recurrir en exceso o de manera crónica a la racionalización puede conducir a una falta de conciencia de los sentimientos auténticos y de los problemas que hay que abordar. También puede interferir en la capacidad de una persona para enfrentarse eficazmente a los retos o de ajustar cuentas con las propias acciones y decisiones.

Capítulo 10 - sobre el agua derramada en el suelo

1. Hay personas con «trastorno antisocial de la personalidad» (ASPD, por sus siglas en inglés), una afección que implica un comportamiento sistemáticamente manipulador, irresponsable, impulsivo y a menudo delictivo. Con frecuencia, las personas con ASPD no tienen en cuenta los derechos de los demás y no sienten remordimientos por sus acciones. Veamos algunas de las características esbozadas por la investigación.

1. **Edad:** El trastorno antisocial de la personalidad **no suele diagnosticarse en menores** porque la personalidad y el comportamiento de un individuo pueden cambiar considerablemente durante la infancia y la adolescencia. Sin embargo, un niño o adolescente puede recibir el diagnóstico de un trastorno del comportamiento, como el Trastorno de Oposición Desafiante (ODD) o el Trastorno de Conducta (TC), que tal vez sean precursores del Trastorno de Personalidad Antisocial en la edad adulta.

2. **Síntomas:** Los síntomas del trastorno antisocial de la personalidad pueden incluir manipulación, engaño, violación de las normas sociales, comportamiento impulsivo, irresponsabilidad, falta de empatía y ausencia

de remordimientos. Sin embargo, solo un profesional de la salud mental debe hacer un diagnóstico.

3. **Porcentaje y factores de riesgo:** Se calcula que el ASPF afecta a entre el uno y el cuatro por ciento de la población. Muchos factores pueden contribuir al desarrollo del trastorno, entre ellos genéticos y ambientales. Los primeros incluyen antecedentes familiares de trastornos de la personalidad u otros trastornos mentales. Entre los factores ambientales se cuentan el maltrato o el abandono durante la infancia, la exposición a la violencia u otros traumas, o un patrón de comportamiento impulsivo y agresivo durante la infancia o la adolescencia.

4. **Genética *frente a* entorno:** Es difícil cuantificar en qué medida influye cada uno de estos factores en el desarrollo del trastorno antisocial de la personalidad, ya que en ocasiones interactúan de forma compleja. Por ejemplo, una persona puede tener una predisposición genética al trastorno, pero no desarrollarlo nunca si crece en un entorno sano y estable. Por el contrario, un individuo sin una clara predisposición genética podría desarrollar el trastorno si crece en un entorno especialmente disfuncional o traumático.

5. Si sospechas que un niño padece un trastorno antisocial de la personalidad o le preocupa, en general, su bienestar psicológico, es importante que busques la ayuda de un profesional de la salud mental, que podrá evaluar el comportamiento del menor y recomendar enfoques de tratamiento adecuados.

Capítulo 11 - sobre la mente y sobre el otro

1. Experimento realizado en 1983 por los académicos Joseph Perner y Heinz Wimmer, dos conocidos psicólogos austriacos

especializados en el desarrollo, que contribuyeron de manera significativa a la comprensión de la teoría de la mente en los niños.

2. El lóbulo frontal es una de las cuatro divisiones principales de los lóbulos cerebrales de los mamíferos y está situado en la parte frontal del cerebro. Es responsable de muchas funciones complejas, como el pensamiento abstracto, el razonamiento, la planificación, la regulación de las emociones y la resolución de problemas.

3. La corteza prefrontal es la parte anterior del lóbulo frontal y está estrechamente relacionado con la función ejecutiva, que incluye la capacidad de planificar y coordinar pensamientos y acciones, la regulación de las emociones, la toma de decisiones y el control de los impulsos. En otras palabras, la corteza prefrontal es donde tiene lugar gran parte de nuestros «procesamientos» más complejos y la «planificación».

Esperamos que haya disfrutado
de *Tú no eres tus padres,* de Maria Beatrice Alonzi,
y le invitamos a visitarnos
en www.kitsunebooks.org,
donde encontrará más información
sobre nuestras publicaciones.

Recuerde que también puede seguir
a Kitsune Books en redes sociales
o suscribirse a nuestra newsletter.